AF231326

AVEC ANDRÉ GIDE

DU MÊME AUTEUR

Aux Éditions Grasset

LE PÉNIS ET LA DÉMORALISATION DE L'OCCIDENT (avec
    Jean-Paul Aron).
BOUVARD, FLAUBERT ET PÉCUCHET.
UN AMI POUR LA VIE, *roman*.

Aux Éditions du Seuil

DIDEROT ET LE ROMAN, coll. Pierres Vives.
SUR LE CORPS ROMANESQUE, coll. Pierres Vives.
HOW NICE TO SEE YOU ! AMERICANA.
MŒURS : ETHNOLOGIE ET FICTION, coll. Pierres Vives.
DANDIES : BAUDELAIRE ET CIE, coll. Pierres Vives et coll.
    Points (Grand Prix de la Critique littéraire).

A l'U.G.E.

SUR LE DANDYSME, *textes présentés par Roger Kempf.*

Aux Éditions Denoël/Gonthier

LES ÉTATS-UNIS EN MOUVEMENT (collectif Médiations,
    n° 1).

Aux Éditions Vrin

KANT, ESSAI POUR INTRODUIRE EN PHILOSOPHIE LE
    CONCEPT DE GRANDEUR NÉGATIVE (traduction).
KANT, OBSERVATIONS SUR LE SENTIMENT DU BEAU ET DU
    SUBLIME (traduction).
KANT, CONTROVERSE AVEC EBERHARD (traduction).

ROGER KEMPF

AVEC ANDRÉ GIDE

BERNARD GRASSET
PARIS

Je voudrais tant laisser de bons souvenirs après moi.

André Gide à Robert Levesque.

Mais ce qui les faisait vivre, c'était l'amour de la vie.

Flaubert, *Salammbô*.

Au printemps de 1945, grâce à l'abbé Mauriac, frère de l'académicien, aumônier du lycée Michel Montaigne de Bordeaux où je poursuivais mes études, j'entrai en relations avec André Gide.

Il s'ensuivit non point une de ces correspondances que se disputent les historiens de la littérature, mais un commerce franc et vivifiant que je partageai bientôt avec Robert Levesque, vieux compagnon de Gide. Leurs lettres, que je cite abondamment, plutôt que de broder sur un passé ancien, témoignent de ce que furent mes années d'adolescence et d'apprentissage.

D'autres amitiés encore devaient orienter ma vie et mon travail. J'évoquerai au passage Jean-Paul Aron, Jean Beaufret, Martin Heidegger ou Ernst Robert Curtius.

Avec André Gide

Si je me suis mis en avant, non sans quelque impudeur, dans les pages que voici, c'est que m'y appelait, au premier chef, André Gide dont la sollicitude, vigilante et tendre, continue de m'inspirer un sentiment de gratitude.

1

Pourquoi telle image du passé défie-t-elle notre mémoire, quand telle autre, importune ou anodine, s'affiche en lieu et place, dans les moindres détails? Par exemple, j'ai beau fermer les yeux, m'abstraire, m'entêter, je ne garde nul souvenir de mes chambres d'enfant, du moins jusqu'à ma douzième année. Or, je revois très distinctement, soit les salons et les couloirs — dont je n'ai que faire — de nos multiples domiciles, soit les défilés du 1er mai à Strasbourg, soit, d'immeuble en immeuble, le chemin que je suivais, avec mon camarade François Lienhart, du Collège épiscopal Saint-Etienne à la place de la Bourse, les jours où je n'étais pas cueilli, devant ma classe même, par le chauffeur de mon grand-père. Le charme de ce trajet, c'était, rue du Saint-

Gothard, un vaste terrain broussailleux, sillonné de tranchées où nous disparaissions, le cœur battant. Madame Lienhart, notre voisine, toujours crispée, attendait son fils sur le pas de la porte. Elle lui passait la main dans les cheveux, sous les aisselles, et, fronçant les sourcils : « Vous n'auriez pas dû… François a encore transpiré. »

C'était en juillet 1939. Au mois de septembre, mes parents, doutant de la ligne Maginot, se résolvaient à plier bagage, précipitamment, sans emporter aucun meuble, pour gagner au plus vite Bordeaux où, pensaient-ils, ils seraient à l'abri. Mon père, pressentant la défaite, s'était juré, quitte à vivoter quelques années, que sa fabrique de conserves n'approvisionnerait pas les troupes du IIIe Reich.

Je ne sais plus ce que fut ce voyage. Nous avions embarqué, les mains vides, dans des wagons à marchandises. Pas du tout, rectifiait ma mère avec sa dramaturgie habituelle, dans des wagons à bestiaux !

Après un court séjour dans une échoppe malodorante de la rue Feaugas — nous n'enjambions le caniveau qu'en nous bouchant le nez —, nous nous installons avenue Thiers, tout à côté de Sainte-Marie de la Bastide.

Chaque matin, à l'aube, j'y fais office d'enfant de chœur.

Peu avant de m'inscrire au lycée Michel Montaigne, comme nous franchissions pour la première fois le Pont de Pierre, mon père avait tiré de sa poche une petite lettre, pliée en quatre, vieille d'un an déjà, que lui avait adressée Monsieur Bilger, mon professeur à Saint-Etienne. Ce billet, d'une écriture de prêtre, serrée, sournoise, sans ratures, à l'encre violette, vraisemblablement recopié d'un ou deux brouillons, et que le jeune Flaubert eût scandé avec délectation, je l'ai conservé à travers toutes mes errances :

Monsieur,

Je vous prierais, Monsieur, de me pardonner mon audace, si ma démarche n'était commandée par l'intérêt que je porte à votre fils.

Roger me cause de graves soucis.

Que de fois j'ai souhaité vous soumettre son cahier ! Voyez la dernière rédaction : vous n'y trouverez pas un brin de bonne volonté. Si votre fils ne souhaite pas redoubler, il devra être attentif au cours, et, pour ce, laisser ses doigts tranquilles.

L'avez-vous remarqué ? Il lui arrive de prendre un air légèrement poseur, sans doute sous la déplorable influence de Claude Fostier. Qu'attend-il pour couper toute relation avec lui ? Fostier est un garnement complètement et irrémédiablement corrompu. Ses

manières et son langage me donnent depuis longtemps les pires inquiétudes.

En résumé, que Roger reste bon ami avec Schott et
Lienhart, mais j'insiste pour que Fostier ne se mêle plus
à leurs jeux. Permettez-moi de ne rien insinuer d'autre.

Je vous serais obligé de ne communiquer ce mot à
aucune autorité du Collège.

Croyez, Monsieur, à mes sentiments respectueux et
dévoués.

Marc Bilger

Je tombais des nues, parce que Fostier était
tout le contraire, rebelle, certes, décoiffé,
mais pas dévergondé, je m'en serais aperçu,
et passablement ennuyeux. Je ne me souve-
nais pas non plus d'avoir joué avec mes
doigts, ni provoqué Monsieur Bilger en tritu-
rant mon porte-plume.

Ainsi, mon père me délivrait, quasiment
par devoir, sans y attacher d'importance, un
avertissement dont, sur le moment, il ne
m'avait soufflé mot. Peut-être y flairait-il
cette sorte de bienveillance qu'il avait dû inspirer, dans son jeune âge, au Savoy de
Londres où il était entré comme groom avant
d'être admis dans les cuisines du grand
Escoffier.

2

Le 1ᵉʳ juillet 1940, sous nos fenêtres, des chars allemands ébranlent l'avenue Thiers. Ils roulent au pas, comme en promenade. Des habitants du quartier courent de l'un à l'autre, avec la curiosité des insulaires pour l'équipage de Bougainville, portant à bout de bras leurs offrandes, casse-croûte et bouteilles de rouge.

La population nous regardait d'un mauvais œil. L'Alsace n'était-elle pas cette province à charge où l'on parlait à peine le français, comme pouvaient en témoigner les Bordelais qui y avaient fait leur service militaire ? Les malheureux n'avaient rien compris au charabia des indigènes.

A la rentrée, Monsieur Larose, l'un de mes professeurs, adepte de la France nouvelle, me présentait à sa classe : « Vous avez devant vous un authentique petit Allemand du Sud. Tenez, nous allons lui demander de traduire le mot "mouchoir". » Pour avoir entendu mes parents converser en dialecte, je répondis « Nastuch », qui signifie littéralement « chiffon pour le nez ». Et Monsieur Larose de pouffer bruyamment, alors que mes camarades restaient de marbre. Du fond de leur ignorance, ils avaient jugé le vocable adéquat. « Je m'y attendais », pontifiait Monsieur Larose. « C'est bien ainsi que s'exprimerait le tout-venant, au pays de Bade, en Alsace, en Suisse. A l'avenir, vous préférerez "Taschentuch", moins rustique, mais de meilleure langue. »

C'est au sortir d'un des cours, si démoralisants, de Monsieur Larose, que j'avais été arrêté net, au coin de la rue du Mirail, par un grand de troisième, en blouse grise. Je le connaissais pour l'avoir snobé pendant les récréations, chaque fois qu'il se plantait devant moi, hargneux et muet. Or, ce jour-là, il m'avait, d'une poigne de fer, contraint de rebrousser chemin pour m'entraîner, vers la rue Sainte-Catherine, dans le sous-sol délabré d'un grand magasin. J'étais pétrifié, d'autant que nous encerclaient d'énormes poubelles qui, en cas d'alerte, gêneraient notre fuite. Néanmoins, pour paraître à l'aise en lui rendant la politesse, j'avançai une main qu'il rabattit prestement. Son nom : Lacaze. Il n'entendait pas être payé de retour, ce pur initiateur, plus curieux d'instruire que d'échanger, et ne jouissant que de mon apprentissage.

Du moins cette brutalité excluait-elle toute hypocrisie. Je devais faire l'expérience inverse chez les dominicains de la rue Saint-Genès que je fréquentais depuis un récent déménagement. Nous habitions désormais cours Pasteur, face à la Grande Synagogue, notre appartement de l'avenue Thiers ayant été réquisitionné pour d'obscures raisons. Je dévorais alors des biographies pieuses, et voulant en savoir davantage sur les rapports de saint Dominique et de saint François, je pris rendez-vous avec le prieur du couvent, un gros homme rougeaud, fort peu religieux d'aspect, plus proche physiquement d'un carme à la Diderot que du Lacordaire de Chassériau dont la reproduction ornait un rayon de ma bibliothèque. Il me reçut dans son bureau et, bientôt, passant du coq à l'âne, quittant sa table pour le canapé ou j'étais assis, prétendit m'enseigner *de manu* les mécanismes de la vie, tout en me mettant en garde contre les rencontres pernicieuses et les gestes impudiques. Je balbutiais que j'étais au courant. Mais il poursuivait sur le thème de l'information honnête qui, seule, permet de circonvenir le péché. Comme je n'étais pas bégueule, le stratagème me répugnait plus que la proposition. Je levai la séance abruptement et ne revis de frères prêcheurs que loin de Bordeaux.

3

De tous nos maîtres, Monsieur Lenègre, que nous surnommions Flopette, aurait été le plus remarquable s'il avait eu la ressource de hausser le ton. Mais sa voix était le plus souvent couverte par nos cris et nos ricanements, sans qu'il fût capable de reprendre le dessus. Aussi, quel tohu-bohu le matin, où expliquant une page de Montaigne, il commit l'imprudence de s'arrêter à l'adjectif « platonique » et aux amours de ce nom. « Mais oui, nous dit-il, vous semblez l'avoir compris, ce sont des amours possibles. Comment, sans cela, y aurait-il renoncement ? Rappelez-vous Socrate dans le *Banquet* de Platon ! » Ces mots déclenchèrent un concert d'hypocrite indignation. Monsieur Lenègre serra son livre et, les bras croisés, les yeux mi-clos, temporisa de longues minutes. Puis, d'une voix chantante, indifférent à notre classe, il s'en prit aux cuistres qui, dans leurs gloses de Platon, négligent le quotidien, l'humour, les trempettes dans l'Ilissos. Etonnés, nous nous dispersâmes en silence.

Monsieur Lenègre était grand, maigre, chauve, myope, l'air paumé, chiffonné, insomniaque. Les plus méchants d'entre nous, qui l'avaient pisté jusqu'à son domicile, l'accusaient de filer un amour coupable avec une femme de ménage espagnole. Pour moi qui l'avais surpris boulevard Victor-Hugo, portant d'une main sa serviette, de l'autre un cabas d'où émergeait une pauvre botte de poireaux, je ne lui prêtais d'autre vie que le calvaire que nous lui infligions.

Anéanti par notre indiscipline, cet excellent homme, à bout de souffle, avait distribué des sujets d'exposés. Je m'étais inscrit pour Paul Claudel et André Gide dont je n'avais rien lu ou presque. Puis, avec le toupet de mon âge, j'avais prétendu les enrôler dans ma préparation. Monsieur Lenègre croyait savoir que Claudel résidait au Château de Brangues, dans l'Isère. Tout ce que j'espérais, pour épater mes camarades, c'était une petite biographie de sa main.

Claudel réagit promptement, me prenant non pour un lycéen en culottes courtes, mais pour un jeune prêtre à dégauchir. L'enveloppe de sa première lettre était ainsi libellée : Rév. Père Roger Kempf, 57 cours Pasteur, Bordeaux.

Sur un rectangle de papier crème, il avait griffonné cinq lignes d'un curriculum qui ne mentionnait ni la Chine, ni le Brésil et le Japon où il avait été en poste :

1927-33 Ambassadeur à Washington
33-35 Ambassadeur à Bruxelles
Depuis 35 A la retraite
Depuis 40 Château de Brangues — Isère — avec quelques séjours à Paris de temps en temps.

Il n'y avait pas là de quoi nourrir l'exposé le plus sommaire. Je revins à la charge. Cette correspondance se poursuivit, à la satisfaction de mon entourage, jusqu'en 1945. «Mon cher ami, m'écrivait Claudel[1], je suis étonné q. v. ne soyez pas en possession du récit de ma conversion q. a couru un peu partout. V. n'aurez aucune peine à v. le procurer en v. adressant à l'un de vos frères Dominicains. Si v. trouvez q. j'ai été un peu

---

1. De Brangues, le 28 février 1944.

dur pour Verlaine, lisez l'étude q. je lui ai consacrée dans la *Revue de Paris* il y a une dizaine d'années et où je rends justice à ce grand poète. » Et encore : « Le chemin de la poésie est bien étroit, si j'en juge par la qualité des productions q. m'envoient tous ces pauvres jeunes gens ! Vous ne serez jamais assez sévère envers vous-même. »

Monsieur Lenègre m'ayant prêté un exemplaire de *L'Otage*, perdu dans l'intrigue de la pièce, je consultai l'abbé Combes, vicaire à Sainte-Croix, fils d'un ostréiculteur de La Teste et responsable d'une troupe de scouts marins. Celui-ci, plus féru de voile que de littérature, et des plus réticents au langage des Coûfontaine, me dicta de mauvaise grâce cinq ou six questions, simplistes ou impertinentes, que je transcrivis sans jugeote, tout en précisant, à ma décharge, qu'elles m'avaient été suggérées par un tiers. Je fus cruellement rabroué :

Château de Brangues — Morestel
Tél. n° 1 Brangues — Isère

Le 13 juillet 44

Mon cher père (?)
ou Monsieur

Je réponds à v. lettre du 5 juillet 44.

1. « Clérical ». Cette objection est si bête q. je ne crois pas utile d'y répondre.

2. L'Abbé *Batignon*. Je n'ai pas l'honneur de connaître cet ecclésiastique. Si c'est de l'abbé *Badilon*[1] que vous voulez parler, c'est l'affaire de votre correspondant de trouver sa conduite odieuse ou pas odieuse.

3. Je vais plus loin que votre distingué correspondant, et je déclare q. même pour Dieu il n'est pas permis de «se prostituer», comme il dit. Aussi bien il ne s'agit pas de prostitution, mais de *mariage*. Tout le drame est là, et il est visible q. ce jeune homme n'y a rien compris.

4. Si ce bon jeune homme était plus fort en droit canonique, il saurait q. les fiançailles n'ont jamais été considérées comme un mariage. Le code de Pie X déclare q. «le contrat de fiançailles pour être considéré comme empêchement à un mariage doit être consigné dans un document écrit et daté, signé par les deux parties, et par le pasteur et évêque du lieu, ou au moins par deux témoins : *et même cet engagement n'oblige pas l'une des parties à épouser l'autre*». La «clan-

---

1. Dont j'avais, en effet, inexcusablement, massacré le nom.

destinité» peut d'ailleurs entraîner la nullité du mariage lui-même.

Il me semble q. ce n'est pas, comme vous dites, *l'auteur seul*, mais tout le monde, q. est qualifié pour répondre à des objections aussi naïves.

Il y a longtemps q. j'ai abandonné cette idée d'un Poème sur le Paradis. Ce sont mes études bibliques q. en tiennent lieu.

Agréez mes meilleurs sentiments.

Paul Claudel

Consterné, non, atterré, à juste titre, par ma lettre, et redoutant l'article ou l'essai dont je pouvais couver le projet, Claudel, au dernier moment, avait ajouté, tout en haut de la première page : «Il y a déjà beaucoup de littérature sur *Paul Claudel, Poète catholique*. N'écrivez pas votre livre si v. ne vous sentez pas spécialement qualifié pour le faire.»

Je pestais contre ma légèreté, ma présomption, ma sottise, et j'en voulais à l'abbé Combes de sa désinvolture.

Toute honte bue, un passage de la lettre m'intriguait : l'interdiction de se prostituer dans des situations extrêmes. Me revenait alors l'histoire de Marguerite de Cortone (était-ce bien elle ?) que nous avait racontée l'abbé Mauriac, aumônier du lycée Montaigne. Après une vie de dissipation, apercevant le cadavre d'un de ses compagnons de débauche, elle avait retrouvé la foi. Or, un jour qu'elle regagnait son couvent, arrêtée par une rivière en crue, et ne pouvant s'acquitter du prix de la traversée, elle s'était offerte aux bateliers. Nous fûmes quelques-uns à insinuer que son inconduite passée lui rendit le sacrifice moins pénible. Le sourire de Monsieur Mauriac ne nous donnait point tort.

4

Nous étions nombreux au cours de catéchisme, et ce n'était pas pour les dattes ou les barres de chocolat que l'abbé Mauriac nous prodiguait. Nous comprenions, en l'écoutant, pourquoi Jésus, du moins dans les Evangiles, disputait avec les Pharisiens, une catégorie dans laquelle nous rangions jusqu'alors le censeur de Montaigne et Monsieur Barbapoux, le surveillant général, mielleux et féroces tour à tour. De catéchisme, il n'était guère question. Nos yeux s'ouvraient sur un autre monde, brûlé par le soleil. Quand l'abbé nous apprenait, citant l'Epître aux Hébreux, qu'étaient punis de mort, dans l'Ancien Testament, ceux qui violaient la loi de Moïse, nous reconnaissions le Dieu terrible dont nous avait parlé, sans autre commentaire, Monsieur Lenègre, à propos du *Rouge* de Stendhal. «L'Occident, nous prêchait l'abbé Mauriac, n'a inventé aucune des trois grandes religions. Tout nous est venu d'Orient et nous l'avons oublié. Relisez telle parabole et vous concevrez la perplexité ou l'indignation des Pharisiens. Ah! la lapidation, ce n'étaient pas les petits cailloux blancs de nos allées ou de nos cimetières... L'indulgence montrée par Jésus envers la femme adultère est d'une invraisemblable audace. Seulement, je m'étonne que, dans ce contexte, il ne soit pas fait mention de la fureur ou de la douleur du mari...» Ainsi retournés, de leçon en leçon, nous n'en revenions pas d'apprendre que Jésus était né juif, et qu'il l'était resté, qu'il était brun de peau, circoncis, qu'il ne mangeait pas de porc et ne s'exprimait pas dans le latin des offices. A Bordeaux, il aurait donc porté l'étoile jaune, comme notre camarade Molina qui s'éclipsait dès la sonnerie de midi, et que j'aurais tant aimé, par défi, raccompagner chez lui.

Il flottait autour de l'abbé Mauriac une odeur de lavande. A voir son visage fraîchement rasé, sa soutane et son col impeccables, on ne se serait pas douté qu'il vivait chichement. Nous n'étions guère mieux lotis. Mon père avait été parmi les principaux importateurs de caviar. Il nous en restait quelques grandes boîtes bleu or dont la splendeur tranchait sur un ordinaire fastidieux : sardines, topinambours, et, à l'heure du café, une décoction de glands de chêne torréfiés, sur la flamme du gaz, dans un cylindre de notre fabrication.

Heureusement, nous avions, en pleine ville, nos volailles. Au fond de la cuisine, de la « souillarde » plutôt, une échelle donnait accès au toit de l'immeuble, un plateau herbu et bientôt boueux où nous élevions trois canards et une demi-douzaine de poules. Une ou deux fois par mois, l'abbé Mauriac bénéficiait des produits de notre basse-cour.

Les canards, que nous n'avions pas le cœur d'égorger, eurent vite fait de prendre le large, l'un s'abattant, cours Pasteur, sur la ligne du tram, les autres franchissant le mur de la synagogue. Mon père, surmontant une vieille antipathie — il avait, avant guerre, soutenu l'Action française —, résolut de les récupérer. Des fenêtres du salon, nous le vîmes traverser la cour de la synagogue et disparaître. Il revint longtemps après, mais sans les volatiles dont il ne semblait plus se soucier. Dans les mois qui suivirent, il lui arrivait de s'absenter des nuits entières, sous prétexte de conduire des gens en lieu sûr. Souvent, il pestait contre un confrère juif qui, depuis la zone libre, commerçait sans vergogne avec l'occupant.

Longtemps, je m'étais cru appelé à la vie religieuse, envisageant le séminaire au lendemain du baccalauréat. Or, vers ma quinzième année, je m'écartais insensiblement du catholicisme pour tracer dans le plus grand secret un tout autre sillon. Néanmoins, pour y voir parfaitement clair, sur le conseil de l'abbé Mauriac, j'allai passer quelque trois semaines chez les dominicains de la rue de la Glacière, dans le treizième arrondissement. L'hiver était à l'enseigne de l'adresse, des plus rigoureux ; nous étions dévorés d'engelures. Je rendis visite au vieux Père Sertillanges ; il interrompit sa gymnastique matinale pour me dédicacer sa *Philosophie de saint Thomas d'Aquin*. Cette retraite, spartiate et fraternelle, me fut salutaire. Elle leva mes dernières incertitudes et mit fin à mes tourments. Le jour du départ, après matines, quand j'eus regagné ma cellule, le Père Maître des novices vint m'embrasser sur le front et me dit : «Ne te précipite pas, réfléchis!» Je venais d'avoir dix-sept ans.

De la vie monastique à quoi je me frottais, je retenais une discipline, une distribution des heures que me réapprit, ensuite, l'islam. De retour à Bordeaux, je décidai de ne plus accompagner mes parents à la messe du dimanche. Ce fut le plus difficile. De fait, les bondieuseries, les Sacré-Cœur sanguinolents, les crucifix me heurtaient comme des représentations sacrilèges. Bien avant de faire ma profession de foi, rejetant la divinité du Christ, je m'attachais à un Dieu non plus paternel, mais transcendant, qui ne pouvait avoir pour associés le Fils et le Saint-Esprit. Monsieur Lenègre ayant parcouru avec nous les *Lettres persanes*, je m'étonnais qu'Usbek, trahi par Montesquieu, ait pu écrire « divin Prophète », « divin Mollah », et considérer les pères à l'image du Créateur de l'univers.

Ce sont là des sujets qui réclament une pudeur. J'y songeais à propos d'une affaire récente : pourquoi le renégat, le mécréant pousseraient-ils une botte dans ce ressort? A quoi bon? Ce serait en pure perte. N'est-ce pas ce que révèle, cinglante, la sourate El Israi[1] : «Lorsque tu récites le Coran, nous baissons un rideau invisible entre toi et ceux qui ne croient pas en l'Au-delà. Nous couvrons d'un voile si épais leur entendement et les faisons si durs d'oreille qu'ils n'en peuvent rien saisir. »

L'abbé Mauriac m'accepta tel quel. Nos entretiens prirent un tour nouveau, familial et littéraire. Il m'apprenait le succès de «la petite Faure» dans les *Mal-Aimés*, la bravoure de Jean, fils de François, engagé dans les Forces Françaises Libres, et le mot, peut-être apocryphe, de François Mauriac à ses métayers : «Rentrez vos petits garçons! Gide arrive demain.» Est-ce bien de l'abbé que je tiens cette anecdote? N'importe, il avait les idées larges. Peut-être même avait-il repoussé certaines tentations. Ainsi, je m'étais étonné de l'entendre dire, un après-midi que je lui rendais visite : «Rien de plus frais que la nuque d'un adolescent!» Sa fin

-----

1. Le Voyage nocturne (Le Coran, sourate XVII, v. 45-46).

tragique, en 1946, me reste incompréhensible. Je confiai mon désarroi à François, puis à Claude Mauriac. Mes lettres restèrent sans réponse.

5

De nos fenêtres, nos regards plongeant dans la cour de la synagogue, nous apercevions des camions chargés d'enfants promis à la mort. Notre nom à consonance germanique, la résistance de ma famille aux avances de l'occupant, notre adresse même devenaient suspects. Peu avant la fin de la guerre, un milicien du cru avait tenté de nous abattre, mon père et moi, cours Pasteur, au moment où nous ouvrions notre porte. J'en fus quitte pour un éclat de balle dans le thorax.

Cet attentat nous incitait à la vigilance. Mieux valait se disperser. C'est dans ces circonstances que l'abbé Mauriac me recommanda aux Bernardy de Sigoyer, propriétaires, aux environs de Bordeaux, du Château Bardins et d'un vignoble classé. Ils recherchaient un précepteur pour leurs deux jeunes garçons, Yves et Jean-Marie. Un de leurs ancêtres avait sauvé le Louvre des flammes, à l'époque de la Commune : une plaque l'attestait, à l'entrée du musée. En dépit de mon âge, les Sigoyer, souvent absents, me laissaient carte blanche pour les affaires domestiques et l'éducation des enfants. Jean-Marie, le cadet, m'était passionnément attaché. Je le revois en short, une raquette de tennis à la main, devant la tourelle blanche de Bardins. Il disparut pendant la guerre d'Algérie. J'en éprouve, aujourd'hui encore, un très grand chagrin.

Parfois nous arrivaient, pour le week-end, des cousines délurées, de neuf ou dix ans, qui se jetaient sur nous, tiraillaient nos pyjamas, s'attardaient dans nos chambres, prétendant s'y installer pour la nuit. A coups d'oreillers, nous les en délogions.

Nous avions notre «Françoise», une cuisinière boulotte et rieuse, folle d'opérettes, les connaissant toutes, et fredonnant à ses fourneaux. Un jour, je lui amenai un camarade de Montaigne, neveu d'Albert Willemetz[1]. Bouleversée, elle le serra sur son cœur.

---

1. Auteur d'une centaine d'opérettes et de chansons à succès, dont *Mon homme, Valentine, Ta bouche.*

Je me demandais toujours comment atteindre André Gide. Il n'avait pas quitté l'Afrique du Nord, et son œuvre entière était doublement à l'index — du Vatican et de Vichy —, honnie des familles, introuvable en librairie, interdite de consultation dans les bibliothèques. En désespoir de cause, je mis l'abbé Mauriac à contribution. Il voulut bien acheminer ma lettre et me prêter quelques livres, dont *Les Nourritures terrestres* et *Paludes*.

Tout à la fin de *Paludes*, je notai : « A cinq heures — j'allai voir mes pauvres. » Comme Claudel qui m'incitait à persévérer dans cette voie, j'étais membre de la Société de Saint-Vincent de Paul. L'on m'avait assigné deux vieilles dames, au fin fond de l'avenue Thiers, avec pour mission de les visiter — plutôt que de leur rendre visite — et de leur faire un brin de causette qui renseignât sur leur ferveur religieuse. Au moment de prendre congé, je laissais sur la table des bons de lait, de pain ou de viande. Jamais d'argent ! insistait le *Manuel* auquel nous devions nous conformer : il eût été, dans l'heure, dilapidé au bistrot le plus proche.

Une fois par mois, les Sociétaires tenaient conférence dans un bureau proche des Quinconces, pour évaluer mutuellement leurs efforts et, le cas échéant, réviser les listes d'indigents. J'en tremblais pour Madame Glatigny que j'affectionnais. «Vit-elle toujours en concubinage?» me demandait le Président, blafard. Je n'en savais trop rien. «Il faudrait en avoir le cœur net! La malheureuse!... Est-elle enfin retournée à la messe?» Madame Glatigny s'en fichait. Je la trouvais tricotant à sa fenêtre. Elle ne posait ses aiguilles que pour s'enquérir de ma famille ou de mes études. «Vous renversez les rôles!» me remontrait sèchement le Président. «Il ne convient pas que nos pauvres s'intéressent à nos vies. A quoi bon gagner leur confiance s'ils s'opiniâtrent à bouder les offices?»

L'année scolaire touchait à sa fin. Il n'était plus temps de concocter le moindre exposé quand me parvint à Bardins ce message :

Le 14 mai 1945

Cher Roger Kempf

Rentrant à Paris après 6 ans d'absence, accablé, submergé, assailli de toutes parts, je ne peux aujourd'hui vous envoyer qu'un billet provisoire qui du moins vienne vous apporter l'assurance de ma sympathie attentive, en écho de celle que m'apporte votre lettre — à laquelle je vous prie de me croire très sensible. J'espère pouvoir bientôt disposer d'un peu plus de temps.

André Gide

Il s'ensuivit un échange de lettres. Je racontais à Gide, par le menu, mes journées de châtelain, les parties de ballon avec Yves et Jean-Marie, sans négliger la mésaventure d'un jeune garçon d'écurie : surpris, salopette sur les talons, en flagrant délit de zoophilie, il avait été remercié sur-le-champ.

«Je viens t'embrasser et te sourire de tout mon cœur», m'écrivait Gide. «Et je souris à tes *alumni* que j'espère bien que tu me feras connaître...» Sourires de connivence, de conquête, de propitiation, ou seulement d'affectueuse politesse, Gide en avait plein le cœur.

6

C'est au mois de novembre que je fais, rue Vaneau, la connaissance d'André Gide et de Robert Levesque.

«Gide, note Robert dans son *Journal*[1], m'avait parlé d'un jeune Roger Kempf qui après quelques lettres était venu le voir, et se jeter dans ses bras.» En vérité, je voyais Gide pour la première fois. Peu après mon arrivée, Robert Levesque fut alerté : «Je te recommande tout particulièrement mon petit ami Roger Kempf avec qui je ne puis dîner ce soir et qui se trouve seul à Paris (je l'héberge) et

---

1. André Gide - Robert Levesque, *Correspondance (1926-1950)*, éd. P. Masson, Presses Universitaires de Lyon, p. 374. J'y suis, à mon corps défendant, désigné par «X».

un peu désœuvré[1].» Cet équivoque «petit ami», allais-je m'en offusquer? Gide me dédicacera dans les mêmes termes, et, de surcroît, «en souvenir attendri», un superbe exemplaire, sur grand papier, d'*El Hadj.*

Robert Levesque se précipita rue Vaneau dans l'espoir, peut-être, d'une aventure plus urbaine que celles qu'il courait dans le Péloponnèse. Il en résulta tout autre chose : une amitié fondamentale, comme celle, contemporaine, mais combien tumultueuse, qui me liait à Jean-Paul Aron.

A peine avais-je rejoint Strasbourg que je recevais ce message : «J'ai passé une soirée avec Gide quelque temps après ton départ — et nous avons parlé de toi. Nous avons dîné dans un restaurant presque trop bon, puis sommes allés au cinéma (on donnait *L'Espoir* et *Zéro de conduite*). A plusieurs reprises, durant cette soirée, nous avons évoqué ton passage à Paris et j'en ai profité pour dire à Gide la joie très particulière et comme inattendue (bien que profondément désirée) que m'avait value ta connaissance. Notre rencontre, je l'attendais…»

Robert avait toujours eu des amis plus

---

1. André Gide à Robert Levesque, novembre 1945.

âgés : Marcel Jouhandeau, son professeur de lettres à Saint-Jean de Passy, Max Jacob, et, surtout, André Gide, sa «source de vie». Avec moi, enfin, les rôles se renverseraient : il jouerait, sous des dehors bourrus, l'aîné attentif et généreux : «J'ai toujours été préoccupé par le désir d'offrir, de communiquer. J'ai toujours trouvé cependant qu'on me demandait peu et je demeure rempli de quantité de choses sans emploi (cela me sert un peu à écrire). Près de toi je sentais une sorte de volupté non pas à faire la leçon, mais à échanger, sentant que tu me donnais davantage même que ce que j'avais à t'offrir. Je ne veux pas que l'idée de te voir disparaître presque aussitôt venu m'assombrisse… J'aime en toi l'absence de malice, de détours (non pas que je refuse subtilité ou complications). J'ai trop vécu parmi les Grecs toujours à double fond, roués, retors, qui cherchent le plus souvent, par faiblesse, à s'imposer[1].»

Dans une lettre de septembre 1954, célébration de la Sardaigne, Robert reprenait : «Point ici ce relent de ruse dont le Grec ne saurait se défaire, ni cette curiosité qui est la

---

1. 27 novembre 1945. Sauf indication contraire, les lettres citées me sont adressées.

base de sa xénophilie : le Sarde ne calcule guère ; tout est instinct chez lui ; et ce qu'il aime en vous, c'est l'homme, bien avant de s'enquérir du personnage. Tout le contraire de la Grèce où l'on s'intéresse à votre personnalité, après quoi il semble qu'on vous ait épuisé, alors que rien n'a commencé. »

Incomparable traducteur de Kavafis, d'Elytis, de Séféris, de Sikélianos qu'il découvrit au monde, Robert Levesque gardait une dent contre la Grèce qui l'avait à la fois conquis et abusé. Et contre Sikélianos en particulier, ce parangon de vanité, « si inhumain que son contact même (surtout quand je le compare à la merveilleuse camaraderie de Gide) exerce sur moi un dégoût » : « Pas la moindre conversation (ou le moindre intérêt pour ce qui ne touche pas sa personne) ; c'est une sorte de monstre. Intéressant d'ailleurs pour cela. »

Je me souviens, à quelques mots près, du récit que m'a fait Robert de sa première entrevue avec Sikélianos, à l'automne de 1941 : « Comme j'avais dans ma poche le poème que je venais de finir, je m'approchai et je le lus. Sa figure s'épanouit, il hochait la tête, regardait sa femme en coulisse et se mit à me caresser l'épaule et le bras, comme on flatte l'encolure d'un cheval. Depuis ce temps lointain, je suis devenu le grand favori. » Sikélianos s'était persuadé qu'aucune traduction ne rendrait jamais sa poésie. Le travail de Robert l'éblouissait.

En toute occasion, Robert jugeait le monde d'un point de vue moral. Comme nous avions fait ensemble le voyage de Delft, le scandale des faux Vermeer et le procès du coupable, Van Meegeren, en 1947, nous passionnaient. Je l'évoquai, à Oxford, dans une causerie sur le pastiche, me demandant pourquoi un objet rare, admirable, que l'on possède — et que l'on chérit — peut soudain perdre son prestige, s'il se révèle un faux. L'objet, d'ailleurs, peut être aussi beau qu'un original, voire le dépasser ; cependant, on le rejette. N'est-ce pas l'horreur du mensonge qui inspire ce geste ? Un artiste ayant acquis la manière, la virtuosité du maître, et par un effort peut-être prodigieux, avait choisi de tromper. «Ses qualités mêmes, concluait Robert, ne font, à mes yeux, qu'aggraver son cas. Je ne sais guère abandonner l'éthique. Toute falsification m'indigne. »

7

Jusqu'en 1975, année de sa mort, nous avons, Robert et moi, échangé des paquets de lettres, et, sac au dos, ployant sous une lourde tente de l'armée américaine, parcouru ensemble l'Autriche et l'Allemagne, la Catalogne, l'Italie, la Sicile, la Sardaigne encore vierge de touristes (on nous croyait marchands d'étoffes ou de bestiaux), la Corse enfin.

A longueur d'année, nous avions la bougeotte. Et comme nous déménagions souvent (Robert, d'Athènes à Casablanca, puis Fès et Marrakech ; moi, de Strasbourg à Upsal et à Bonn), d'un pays ou d'une ville à l'autre, Gide se cassait la tête pour nous retrouver. «Enfin, m'écrit-il en mai 1946, j'ai pu me procurer ton adresse, j'étais furieux contre toi de ne me la donner point. Si souvent j'ai souhaité t'écrire ! »

Robert, alléguant sa « sauvagerie essentielle », ne voulait recevoir de courrier qu'au lycée où il enseignait. Il m'a fallu attendre 1959 pour apprendre dans quel hôtel il résidait, à Fès. « Voilà, précisait-il, un grand secret lâché ! Tu en sais plus que mes frères et sœurs. »

Dès son premier jour de vacances, Robert se mettait en route. En 1956, se méfiant des agences maghrébines, il m'avait prié, par télégramme, de lui procurer un billet ainsi conçu : Lyon — Turin (par Modane) — Milan — Venise — Vienne (par Tarvisio) — Salzbourg — Munich — Innsbruck — Bolzano — Mesano — Bolzano — Rome — Civitavecchia — Macomer — Civitavecchia — Rome — Chiasso — Bâle — Strasbourg.

Souvent, il ne s'agissait, dans telle ou telle ville, que d'explorer un quartier qui, d'une fenêtre de train ou d'autocar, lui avait paru prometteur, ou bien de revoir des toiles qui, selon son expression, embaumaient sa mémoire. A Vienne, au Consulat de Hongrie, Robert avait fait des pieds et des mains pour obtenir un visa qui lui permît de découvrir, au musée de Budapest, le *Philosophe* de

Rembrandt. Il était fou de peinture, insensible à la fatigue, et j'avais fini par prendre en grippe les musées où nous passions le plus précieux de notre temps.

De ses journées de voyage, il consignait les moindres détails dans des carnets qu'il remplissait chaque soir, quelle que fût l'heure, assis sur le bord de son lit.

Il répugnait à se poser, à s'incruster, à posséder, sinon, pour son usage quotidien, un coquetier d'argent et des couverts à manche d'ivoire, dénichés à Chelsea. Tous ses biens tenaient dans deux ou trois robustes valises de cuir qu'il confiait, l'été venu, au concierge de son hôtel.

Il attendit l'extrémité de sa modeste carrière pour louer un appartement à Colmar, son dernier poste. Que n'était-il resté au Maroc ! Ses élèves français, tout à l'opposé de ceux qui l'écoutaient à Fès ou à Marrakech, le chahutaient ou lui faisaient la grimace. Face à ces « cocos » sans amour et sans foi, il revivait les pires heures de son enseignement à l'Ecole industrielle de Casablanca. Parfois même il s'assoupissait pendant ses propres leçons, comme à la fin des repas. « Ce doit être le cœur», me soufflait ma mère. En effet : il avait cessé d'être heureux.

Une femme qui le poursuivait depuis Athènes, et qui l'idolâtrait sans rien attendre en retour, se hâta, fort habilement, de le meubler en rustique et d'équiper sa cuisine. Etait-ce marquer la fin du voyage? «Je me trouve si bien chez moi, m'écrit-il en octobre 1968, que je ne sors jamais. C'est vraiment le commencement de la décrépitude. Colmar sera mon mausolée.» Mais il secoua cette tutelle pour s'installer à Paris, rue de Babylone, dans l'immeuble où je venais d'emménager. Huysmans y avait eu maille à partir avec ses voisines.

8

Robert Levesque voyageait pour s'accomplir, de toutes les façons, dans les passades comme dans le travail. De tant de pérégrinations il espérait un déclic : « Il n'y a rien de tel que les voyages, ou les *occupations* étrangères pour favoriser la naissance d'un projet. L'essentiel est d'en posséder le germe ; tout tourne autour de lui. La pression s'accumule par le retard même, l'impatience, et enfin tout éclate. Tu vois que je suis optimiste. Le vrai, c'est que j'ai besoin d'avoir un *sujet*. Et mon point faible, justement, est d'être le plus souvent à sec. La plupart des aventures que je cherche, des voyages [1] dont je rêve, ce n'est

---

1. 14 avril 1948.

qu'avec l'espoir de ressentir un ébranlement qui me fournisse un thème.»

Jamais chatouillé par le désir de paraître, Robert Levesque, loin de Paris, prenait son temps[1]. Il s'appliquait avec humilité, et n'écrivait, ni même ne se décidait à écrire, sans de vives souffrances et des peines infinies qui sont, avec les impressions de voyage, l'un des ressorts de sa correspondance. D'un *Gide en Egypte* qu'il me destinait, il n'apercevait que les écueils : «Je patauge dans la nuit ; je sens une sorte de malaise et de tiraillements internes qui sont de vrais symptômes de grossesse. Je ne puis rien écrire sans qu'une véritable angoisse et soudain même une chape d'imbécillité ne me recouvrent.» Ainsi, en 1935, se déclarait-il incapable de rendre compte, fût-ce brièvement, des *Nouvelles Nourritures* dans la N.R.F. «La matière me dépasse, je ne dirais que des bêtises», aurait-il répondu à Madame van Rysselber-

---

1. C'est Jean Grenier qui, le rencontrant à Alexandrie le 21 mars 1946, a fait de Robert Levesque le portrait le plus juste : «Comme il est pur et simple de goûts ! Il a l'air d'un petit garçon qui ne demande pas qu'on ait les yeux fixés sur lui. Modeste. Gauche d'allures, il vous donne des poignées de main embarrassées avec un petit coup de tête comme un jeune paysan.» Jean Grenier, *Carnets* (1944-1971), Paris, Seghers, 1991.

ghe[1]. En 1948, sur le point d'amorcer un *D'Annunzio en Grèce*, inspiré par la croisière qu'y fit le poète en 1895, Robert se ronge les sangs, parce qu'il voit se dresser devant lui les problèmes du style : «La phrase la plus simple est un sujet d'épouvantement; surtout quand je me relis; je découvre des syllogismes, des ambiguïtés, des barbarismes, de la cacophonie. Je n'écris pas une ligne qui ne soit vicieuse. Mes progrès ne se marquent guère que par une honte grandissante. Aussi, la conclusion, c'est qu'il me faut barrer trois phrases sur quatre... Le merveilleux, quand je suis avec toi, c'est que je n'écris pas. J'oublie cette *raison de vivre*, parce qu'alors je vis véritablement. Je me contente d'ouvrir les yeux, de naître à la vie, d'emmagasiner les choses, et surtout de les voir avec ton regard.» Autre souvenir, celui-là de 1961 : Robert séjourne au mont Athos et décide de n'en souffler mot jusqu'à ce que «cela se dépouille». Dans ces moments de désolation et d'attente, il ruminait un livre qui relaterait ses épreuves, une *Lettre à Titus*, «ami supposé, auquel j'expliquerais pourquoi, malgré

---

1. André Gide - Robert Levesque, *Correspondance, op. cit.*, p. 262.

mon grand âge, je n'ai encore rien fait[1] ». Il avait trente-neuf ans.

Le plaisir, auquel il s'avouait incapable de résister, jusque dans le couvent où il faisait retraite, occupait dans ses journées une place excessive. Un prêtre à qui il s'en était confessé lui avait enjoint soit de prendre la fuite, soit de s'asperger incontinent. Les douches d'eau glacée ne lui furent d'aucun secours.

En lisant certaines de ses lettres, je songeais à Flaubert, si pudique dans ses romans, si déboutonné dans sa correspondance. Léautaud, à propos de *Si le grain ne meurt*, avait évoqué ses propres expériences dans le cinquième tome de son *Journal littéraire*. « Eh bien, me disait Robert, ce qui m'a retenu d'écrire jusqu'ici, c'est la crainte de tomber dans ce genre de confidences ! »

Il réservait à deux ou trois intimes le récit de ses escapades. En juillet 1949, les nuits de Ramadan le retiennent à Marrakech : « Quelles nuits ! Quelles musiques ! J'ai couché l'autre jour sur une terrasse dans la médina. Tout conspirait à chasser le som-

____

1. 16 février 1948.

meil, et pas uniquement la présence sur mon large matelas d'un enfant noir qui dormait [1]... »

Or, tout en affriandant Gide, Robert tenait à le rassurer : « Je tâcherai, note-t-il en post-scriptum, que les délices n'arrêtent pas ma plume. » C'est qu'il n'avait pas oublié la lettre de 1935 où Gide, solennellement, l'exhortait à une relative abstinence : « Mais comment ne sens-tu pas que le désir et besoin de produire t'est enlevé par ces satisfactions immédiates que tu t'accordes ? Je crois que seule la privation de ces joies peut t'y précipiter (vers la production) comme par vengeance et avec une sorte de désespoir... Il ne s'agit pas de "brûler la chandelle par les deux bouts" ; mais persuade-toi que tu ne peux allumer l'un qu'avec le feu pris à l'autre [2]. »

Au départ de Marrakech, Robert se dirige vers Alger, Tunis, la Sicile du baron von Gloeden. La population de Taormina le transporte d'enthousiasme : « Imagine qu'en ces lieux, tout le monde, et dès l'âge le plus tendre, est "bien", et qu'ils n'ont qu'un rêve qui est de vous faire profiter de leur fraîche

---

1. Robert Levesque à André Gide, 8 juillet 1949.
2. André Gide à Robert Levesque, 14 mai 1935.

beauté, de leur ardeur. Il y a dans Taormina une sorte de tradition qui, de père en fils, se perpétue[1]. » Gide, recevant, datée du même jour, une relation plus aguicheuse encore, m'écrit : «Robert me parle de Taormina d'une manière incendiaire et, s'il se pouvait, je cinglerais dès Nov. pour la Sicile[2]. »

Autant Robert s'embrase ou s'abandonne dans sa correspondance et son *Journal*, ses chefs-d'œuvre, mais qu'il eût sans doute été surpris de voir publiés, autant, dans ses premiers essais, il se guinde et se pare de métaphores ou de tournures d'un autre âge. Gide qui, depuis 1927, épluche ses brouillons ne lui ménage pas les critiques du genre «cela sent un peu trop la littérature».

Mais l'année 1947 s'achève pour Robert dans l'allégresse, Gide ayant applaudi à ses pages égyptiennes et marocaines, dont une admirable peinture de Fès : «Très brusquement j'ai pris conscience de certaines règles de l'art et aussi de certains de mes défauts. Lorsque je me relis, je parviens à un détachement assez nouveau... Je ne fais pas de

---

1. 11 septembre 1949.
2. 28 septembre 1949.

difficulté à croire que la lettre que Gide m'écrivit en décembre, et notre conversation boulevard Saint-Marcel, n'y soient pour beaucoup [1].»

Le labeur même de Gide l'incitait à persévérer : « Un professeur danois qui prépare une thèse sur *Gide romancier* m'a montré l'autre jour le manuscrit des *Faux-Monnayeurs*. Spectacle bouleversant. Tous les brouillons sont là. On voit chaque chapitre peu à peu prendre forme, mais après quels efforts, quelles retouches. La ligne si dépouillée de ce "roman pur" a été dégagée de haute lutte. J'ai aussitôt écrit à Gide pour lui dire mon émotion, mon admiration. Il me répond que ma lettre lui a fait du bien — et l'empêche de déchirer tout son récent travail [2].»

Cependant Gide l'adjurait de sacrifier d'ultimes préciosités de style : « inutilement "artistes" et plus propres à *te* faire valoir qu'à suggérer ». Allusion voilée à celui qui avait été le premier maître de Robert, et son envoûteur malfaisant : Marcel Jouhandeau.

Que Robert ait compris Gide à demi-mot, j'en verrais la preuve dans son projet d'un

---

1. 16 février 1948.
2. Même lettre.

article impitoyable concernant Jouhandeau :
«J'ai essayé de lire l'*Essai sur moi-même* où j'ai
retrouvé toute la préciosité de cet homme, et
qui m'est odieuse. Dieu sait pourtant si j'ai
subi à 16 ans l'attrait de cet homme. Il fut
mon plus grand ami ; l'être que j'admirais
par-dessus tout et qui me révéla le beau.
Après quelques années, je commençai de me
méfier de son tortillage, et m'éloignai peu à
peu. Son œuvre et sa personne, trop loin du
naturel, me choquaient. Mais cet homme
demeurait cependant intact dans ma
mémoire ; je lui gardais une immense reconnaissance. Pourquoi fallut-il que sa conduite
durant la guerre (Weimar, etc.) me semblât
bafouer toute la culture et les valeurs qu'il
m'avait révélées ? Cette trahison de l'esprit
m'atteignit jusqu'au fond du cœur — et
soudain j'ai senti remonter tout un flot
d'amertume. Jouhandeau, même, me paraît
couvert du sang de deux de ses anciens élèves
comme moi, et que la guerre tua. J'ai écrit ce
matin, dès le réveil, le début de cet essai
embryonnaire — cinglant. J'y mettrai cependant bien de la tendresse et pour évoquer
mes années tendres, et la tendresse aussi de
Jouhandeau. On sentira que ma sévérité est
née d'une effroyable déception... Je peindrai

une classe de Jouhandeau, nos conversations, nos tâtonnements d'adolescent[1]. »

Dans le manuscrit reçu quelques semaines plus tard — *Autour de Jouhandeau*[2] — et qu'il m'invitait, comme d'ordinaire, à écheniller, plus rien ne transpirait de son indignation. Il se contentait de peindre l'homme qu'il avait connu, avec çà et là quelques coups de patte inséparables de l'éloge.

---

1. 20 février 1948.
2. Paru dans le *Mercure de France*, juillet 1949.

9

Je déplorais à mon tour, chez Jean-Paul Aron, du moins à cette époque, dans son écriture et sa conversation, pléthore d'afféteries et de précautions oratoires, mais que balayaient inopinément des mythes effrontés, désolants de niaiserie ou de platitude, dont nous étions seuls à connaître le prix. «Sitôt à Séville, m'écrivait Jean-Paul, je me suis précipité sur les remparts, chez mon très cher ami Lillas Pastia. Nous avons bu un grand verre de manzanille, après quoi j'ai été corner ma carte chez la duchesse d'Albe, chez le cardinal archevêque, Don Buenas y Morales, et chez l'alcade.» Comme je m'esclaffais, Robert Levesque, à qui je montrai ce billet, eut un sourire contraint. Faute d'une connivence native, ce jeu le déconcertait soit comme un enfantillage, soit comme un patois dont il ne saisissait que des bribes, et que, de toute façon, il eût fallu entendre dès le berceau. «Monsieur Aron, me dit-il pour se donner une contenance, connaît, sans nul doute, les pages de Nietzsche sur *Carmen*.»

Sur ce, je tentai une seconde expérience, profitant d'une lettre où Jean-Paul me relatait la rencontre, fortuite, terrifiante, de Georges Canguilhem à la bibliothèque du Muséum d'histoire naturelle. Par une curieuse coïncidence, Canguilhem, inspecteur général de l'Education nationale, avait, le mois d'avant, visité, et fort bien noté, Robert Levesque au lycée de Fès. En revanche, il éprouvait, à l'encontre de Jean-Paul, l'antipathie d'un self-made-man d'extraction campagnarde, originaire de Castelnaudary, râblé, sportif, porté sur les nourritures solides, pour un bourgeois raffiné, fils et frère d'universitaire, cousin germain du frêle Raymond Aron, et dont la carrière avancerait *motu proprio*, en quoi il se trompait bigrement. Bref, gagné par la panique, pétrifié d'effroi, tel Morel découvrant la photographie de Monsieur de Charlus sur une cheminée du palace de

Maineville, Jean-Paul n'eut pas la force de consulter le fichier. Ses genoux se dérobaient, il grelottait de fièvre. Rentré chez lui, il prend et reprend sa température, changeant à chaque fois de thermomètre : 36°8 !

J'ai sa lettre sous les yeux : « Sans être grippé, comme je l'avais cru, je ne tenais plus debout. Etait-ce l'émotion d'avoir revu mon bourreau ? D'abord, j'ai fait semblant de ne pas le voir, puis j'ai été d'une incroyable grossièreté, feignant de ne pas le reconnaître. Bourrelé de remords, j'ai composé, dans un café proche du Muséum, des vers absolument admirables dont je te livre la primeur :

> *Quand j'ai revu mon professeur,*
> *Marri de l'avoir offensé*
> *J'ai souffert de sa douleur*
> *Et j'ai voulu l'enlacer.*
> *Mais sa grise mine me glaça,*
> *A ses gros yeux je pris peur.*
> *Comme j'aurais voulu qu'il m'embrassât*
> *Pour apaiser ma frayeur !*

«Imagine que je lui ai *réellement* envoyé ce poème!!!»

Robert, interloqué, se gardait de tout commentaire[1].

---

1. Pourtant, il n'était pas dépourvu d'humour, lui qui avait recopié pour moi ce passage de Claude Bernard : «Le sublime du genre a été imaginé par un physiologiste qui, ayant pris de l'urine dans un urinoir de la gare d'un chemin de fer où passaient des gens de toutes les nations, crut pouvoir donner ainsi l'analyse de l'urine *moyenne* européenne.»

10

Une de mes premières tentatives — des *Observations sur le romanesque* — avait passablement déçu Robert Levesque. Je prenais prétexte d'une page de Stendhal où l'on voit Madame Leuwen faire enlever de sa chambre un riche tapis de Turquie et le placer chez son fils, un jour qu'il souffrait d'un rhume. Ce détail, sans intérêt pour les spécialistes, le gros rhume de Lucien Leuwen, me paraissait le comble du romanesque (on ne parlait pas encore de paradigme), irréductible à toute explication savante, et me procurait une jouissance singulière. A l'avenant, dans *Bouvard et Pécuchet*, j'admirais que Gorju eût rasé sa barbiche pour s'approcher de la sainte table, l'air non plus sauvage, mais édifiant. Ou que Pécuchet eût attendu d'être sous le parapluie de l'abbé Jeuffroy pour affirmer que les catholiques avaient fait plus de martyrs que les Romains chez les fidèles d'autres religions. Dans Voltaire, je ne me tenais plus de joie au moment où Moabdar, le plus soupçonneux des princes, regarde alternativement Zadig et la tendre Astarté : les babouches de Zadig sont bleues, celles de la reine également ; le bonnet de Zadig est jaune, les rubans d'Astarté aussi. C'étaient là, écrit Voltaire, «de terribles indices».

Que pensait Robert de mes brouillons ? Qu'ils étaient prometteurs, mais que je manquais de style : «Je suis heureux de te voir écrire — et en apprendre le métier. C'est un rude boulot. Il y faut des années. J'ai d'abord eu l'impression, en te lisant, que tu n'avais point suffisamment bûché. Que vas-tu faire de cet essai ? Peut-être te brûle-t-il déjà les doigts, enfant bouillant ? A ta place, je le reprendrais, ou le laisserais dormir. On sent que tu pourras parfaitement devenir capable d'étonner les gens ; mais ici tu n'y es pas encore parvenu. Mieux vaudrait donc, pour ta gloire, temporiser[1].»

---

1. 8 décembre 1950.

Jean-Paul Aron me représentait alors combien m'étaient funestes la procrastination, les inhibitions et l'empire de Robert Levesque. « Ce rabat-joie, se récriait-il, pèse sur ton travail et brise tous tes élans. D'accord pour laisser reposer, mûrir, se tasser, se décanter un texte, mais point trop n'en faut. » Assurément, l'excessive sollicitude de Robert Levesque m'aiguillonnait et me corsetait tout à la fois.

Robert avait-il percé les réserves et réticences de Jean-Paul ? Toujours est-il qu'il s'arrangea pour ne pas l'introduire chez Gide : « Il m'a dit d'y aller de ta part. J'ai très légèrement insisté, mais comme j'ai horreur d'être indiscret et qu'il n'avait visiblement pas envie de me rendre ce service[1], je suis allé, terriblement gêné, tout seul rue Vaneau, en fin de matinée. En entendant ton nom, Gide est venu me chercher à la porte où sa secrétaire se tenait, raide et menaçante[2]. Il m'a reçu environ vingt minutes, et m'a posé

---

1. « Je lui ai dit, m'écrit Robert le 13 mai 1948, que ton nom serait le meilleur mot de passe pour entrer chez Gide. »

2. Il s'agit d'Yvonne Davet dont Gide se félicite, dans une lettre à Robert Levesque (25 mai 1946), qu'elle tienne « en respect et à distance les importuns ».

pas mal de questions te concernant. Se sou-
venait-il que tu lui avais parlé de moi? Je
n'en sais rien. Il a été incontestablement
aimable, mais comme on peut l'être avec
quelqu'un qui vient vous trouver brusquement et qu'on n'a jamais vu. J'espère ne pas
lui avoir fait mauvaise impression. Je dois
revoir Levesque et lui demander de bien spé-
cifier à Gide, maintenant qu'il me connaît,
que nous nous connaissons intimement, toi
et moi, afin qu'il ne me prenne pas pour un
intrus. Après tout, il pouvait fort bien s'imaginer que je venais le voir tout simplement
parce que tu m'avais parlé de lui[1]. »

Cette malheureuse dérobade ne mit pas un
terme aux rapports épisodiques, apparem-
ment cordiaux, mais fort tendus à la veille
des grandes vacances, de Jean-Paul Aron
avec Robert Levesque.

---

1. Jean-Paul Aron, mai 1948.

11

Avec Gide nous formions, Robert et moi, sans considération d'âge ni de renommée, et, je le confesse, sans l'ombre d'un désir, une sorte de trio qui nous semblait le pendant réussi des formidables amitiés de Flaubert.

A la fin de 1945, Gide et Robert s'envolent pour l'Italie, puis le Moyen-Orient. Le *Journal* de Gide, interrompu d'avril à décembre, reste muet sur ce départ. Une lettre de Robert, datée du 10 décembre, m'apprend qu'il a rendez-vous, le matin même, place Vendôme, au bureau de la R.A.F. : « Gide et moi devions monter dans une auto pour gagner Le Bourget, mais notre avion était en panne. Vingt-quatre heures de retard. Nous partons demain. »

D'Assouan, d'Alexandrie, de Beyrouth, à

tour de rôle ils me donnent de leurs nouvelles, Gide ajoutant deux lignes à une carte de Robert, ou bien Robert prolongeant une lettre de Gide.

En janvier 1946, Robert me découvre l'Egypte :

« L'hôtel où nous vivons est construit sur le Nil, quelques rochers l'en séparent. Aucun rapport avec les fleuves sages de chez nous. Le Nil n'a pas de ligne ; il coule comme à sa fantaisie parmi des îles, des oasis, des récifs ; il s'élargit, il se perd, il s'engorge, mais toujours avec nonchalance. Des dunes qui s'élèvent en montagne et qui ouvrent la porte au désert limitent la vallée, et, au-delà, commence un tout autre monde, noir et doré, de sable et de basalte, avec d'immenses versants vierges et pâles imprégnés d'ondes par le vent, et que trouble parfois l'ombre planante d'un épervier. Pourtant la compagnie ne manque pas aux solitaires. Sur le Nil circulent des barques silencieuses à la voile pourtant élancée, pointue comme un cri. Un batelier, espiègle et langoureux, vêtu de blanc comme sa toile, vous fait signe — à moins qu'on préfère, pour dériver à travers le pays, un de ces grisons qui s'entre-frottent à la porte de l'hôtel et dont les âniers rigolards et dépenaillés, quittant leurs jeux dans la poussière, se dressent à votre passage.» Robert Levesque était un écrivain!

A Gide de prendre le relais :

Assouan, 9 février 46

Cher Roger

C'est tout de même curieux que je ne parvienne pas à t'écrire — alors que j'aurais tant à te dire, et que je m'attendrisse si complaisamment en pensant à toi.

Tant qu'à te souhaiter pour compagnon, je voudrais que ce fût (que ce soit) dans un autre pays. Souhaitons que les voyages redeviennent bientôt plus faciles; mais je crains qu'ils n'aient à tout jamais perdu le charme et la saveur qu'ils avaient encore au temps de ma jeunesse, et l'aisance et l'imprévu de l'aventure, de la diversité...

A grand-peine nous avons pu remonter le Nil jusqu'à Wadi Halfa, je dis «à grand-peine», parce que Wadi Halfa n'est déjà plus en Egypte, et qu'il faut des papiers compliqués et d'obtention difficile pour passer d'Egypte au Soudan. J'aurais voulu pousser beaucoup plus loin : la lente remontée du Nil ne devient vraiment intéressante (et du reste à un tout autre point de vue) qu'en deçà de Khartoum — lorsque, quittant le désert, on s'aventure dans la jungle tropicale — dont j'espère bien que, lorsque tu pourras la voir, éléphants, girafes (*sic*), rhinocéros, hippopotames et caïmans n'auront pas encore complètement disparu...

Louxor, 10 février. Interruption. Le courrier m'apporte ta lettre (1), incluse dans l'enveloppe pour

Robert. Nous attendions une indication de toi pour t'envoyer la collection des timbres du Soudan.

Je t'embrasse tendrement.

A.G.

(1) elle m'apprend la mort de l'abbé Mauriac — dont tu me parles si bien.

Chemin faisant, Robert soumet de ses manuscrits à Gide qui les améliore : «Il a bien voulu assez souvent louer — mais le plus important, c'était les critiques. Je me suis offert ainsi (ou plutôt Gide m'a offert) une cure de style, et je puis dire que chacune de ses remarques, je me l'inscrivais pour toujours dans le ciboulot.»

D'étape en étape, je voyageais par procuration. En juillet 46, me voici à Beyrouth, dans la résidence du général commandant les Forces françaises du Levant. «Maison grandiose et orientale, note Robert. Des spahis montent la garde aux grilles ; toujours une voiture est sous pression (est-ce ainsi qu'on dit ?) pour nous mener en ville, car ce palais si bien gardé est un peu loin du centre (et il arrive que nos goûts populaciers en souffrent). A table, nous sommes, en grande pompe, servis par toutes les races de la terre :

Annamites, Soudanais, purs Aryens s'empressent pour nous abreuver, et nous offrir leur cuisine savante. Nous en avons la nostalgie des gargotes, et finirons le séjour à Beyrouth par quelques fugues inavouables. »

Un jour, je reçus, portant le cachet d'Athènes où Robert avait repris son enseignement, une enveloppe gonflée non plus par des pochettes de timbres, mais par un éléphanteau d'ivoire. « J'avais, m'expliquait Robert, trouvé dans une boutique de Louxor un coupe-papier qui me plaisait fort, vraiment sobre et massif (le seul qui ne fût pas tarabiscoté). Gide voulut me l'offrir... J'acceptai, et pour rendre le coupe-papier plus nu, je fis scier l'éléphant terminal qui l'ornait. Je restai bien embarrassé avec la pauvre bête dans le creux de la main, et Gide décida que l'animal serait pour toi. »

12

Je revis Gide au mois de juin. Il avait du temps à me consacrer. «Tu en auras à ta convenance», m'écrivait-il. Rendez-vous fut pris pour le mercredi 19, rue Vaneau où j'allais passer une longue semaine.

Un matin que je bouquinais dans la grande bibliothèque dont les fenêtres donnaient sur les jardins de Matignon, Gide s'amène avec un volume de La Fontaine. «Tiens, me dit-il, tu vas me lire, du mieux que tu pourras, les premiers vers du *Discours à Madame de La Sablière.*»

Iris, je vous louerais, il n'est que trop aisé;
Mais vous avez cent fois notre encens refusé,
En cela peu semblable au reste des mortelles,
Qui veulent tous les jours des louanges nouvelles.

A peine ai-je commencé, que Gide m'interrompt, l'air ennuyé : «Tu n'y es pas, mais pas du tout! Ce n'est pas "louerai", mais "louerais". Quel contresens! La Fontaine n'encensera pas Madame de La Sablière. A quoi bon? Il le dit : elle s'y est par cent fois refusée!» Gide, pour ma gouverne, récite le poème lentement, avec emphase et majesté, de sorte que le *ais* se détache du *é* de «aisé». «Le conditionnel, ajoute-t-il, ne se prononce plus guère, du moins à la première personne. Vaugelas fut sans doute le premier à déplorer cette confusion du conditionnel et du futur...»

Je m'étonne, revivant cette scène, d'être incapable, aujourd'hui, de me représenter Gide physiquement, et de ne pouvoir le ressusciter sans les photographies de Richard Heyd ou de Marc Allégret, alors que je ne puis lire Virgile ou La Fontaine sans réentendre distinctement sa voix.

Mon séjour à Paris coïncidait avec celui de Taha Hussein. Professeur à l'université du Caire, poète et romancier illustre, grand admirateur de Gide. Taha Hussein s'apprêtait à traduire en arabe *Œdipe* et *Thésée*. Gide n'ayant pas repris son *Journal* depuis mai 46, on n'y retrouvera pas mention de la soirée que nous avons passée au théâtre Hébertot le vendredi 21 juin, une date qui m'échapperait si je ne l'avais inscrite sur le programme conservé en souvenir. On donnait *Œdipe*, puis *Le Paria* de Strindberg. Taha Hussein, aveugle, et sa fille qui l'accompagnait, avaient été accueillis et conduits à leur place par Jacques Hébertot. Je me trouvais derrière eux, et Gide tout au fond de la loge. Or, *Œdipe* se jouait sur la scène et dans notre dos, Gide marmonnant, au fur et à mesure, sa pièce qu'il connaissait par cœur. Nous ne savions plus quelle oreille tendre ou obturer. Mais voici que Gide soupire, se mouche bruyamment, réprime des sanglots. Taha Hussein se penche vers moi : «Monsieur Gide se trouve mal ? — Je ne crois pas. Il est seulement très ému.»

Il m'arrivait d'être, dans les entours de Gide, l'objet de sollicitations auxquelles j'aurais été bien en peine de répondre. Face aux aînés, j'éprouvais une simple et banale inappétence qu'il me déplaisait de devoir formuler. Je n'avais donc qu'une idée en tête : faire oublier mon apparence qui était plutôt celle d'un scout, le chapeau en moins, être reconnu pour moi-même. J'en trouvai l'occasion un soir que Gide avait réuni, sous une marine de Boudin, dans le petit salon, si mal arrangé, de la rue Vaneau, quelques proches très «N.R.F.», de ceux à qui l'on confie notules ou comptes rendus. L'un des invités ayant pris son thème sur la difficulté d'animer, dans un roman, une soirée, un bal, un raout, je comparai les moyens de trois écrivains : Balzac, Stendhal, Proust : soit la réception des Bargeton dans *Illusions perdues*, le bal du duc de Retz dans le *Rouge*, et chez Proust, où nous aurions l'embarras du choix, la soirée de la princesse de Guermantes. Au théâtre, les jeux de scène, la technique dramatique, toute formelle, simplifient bien les choses, et plus encore au cinéma. Mais l'art suprême du romancier n'est-il pas de créer un contrepoint psychologique, cette impression de perspective et de volume que signale le *Journal des Faux-Monnayeurs*? Ne doit-il pas penser un décor, une situation, un ensemble avant les personnages eux-mêmes, et renoncer à les concevoir individuellement, voire inter-individuellement? Tel fut, grosso modo, mon propos. Je ne le rapporte que pour ce qu'il vaut : son audace, à défaut de mieux. Le sang battait contre mes tempes. Julien, saisissant la main de Madame de Rênal, n'était pas plus ému. Enfin je me tournai vers Gide : «Je voudrais avoir votre sentiment sur la réception de Warwara Petrowna dans *Les Possédés*. N'y a-t-il pas là juxtaposition ou agglomération des personnages plutôt que composition?»

Sur ce, je fus différemment regardé.

13

Mes parents s'inquiétaient, je crois, non point tant de mes visites à Gide — dont ils tiraient une certaine fierté — que de mes séjours chez lui. Honnêtement, je les rassurais en suggérant que j'avais largement passé l'âge qui pouvait l'émouvoir[1]. Leur candeur sur ce chapitre, ou leur perplexité, me rendit une liberté de mouvement.

N'empêche qu'ils auraient préféré me voir

---

1. Que de cachotteries et d'aveux détournés dans ce mot que Gide m'envoie d'Ascona : «Ici, je t'évoque souvent en pensée; à ces moments où d'autres se demanderaient : est-il fou? Que regarde-t-il si longuement? Qu'est-ce qui le retient assis sur ce banc près d'une heure durant, à contempler quoi?... Tu me comprendrais, je suppose : et serais presque aussi fou que moi» (17 avril 1947).

descendre, à deux pas de la République, chez mon oncle André, artisan électricien, dont me glaçaient l'ordre et les manies, bien avant qu'il ne tournât au végétalisme intégral et missionnaire. J'ai compris, dans un de mes livres [1], que son appartement de la rue de l'Entrepôt prédisposait au meurtre. On y circulait sur des patins de feutre gris ; il y en avait, à l'entrée, de diverses pointures ; il était interdit de poser le moindre objet, fût-ce un agenda de cuir, sur les meubles outrageusement vernis, de style Belle Epoque, qu'il briquait matin et soir.

Depuis plusieurs mois, Gide tenait à me présenter un garçon d'une quinzaine d'années, subtil et sportif, habitué de la piscine Lutétia, qui lui vouait une saisissante affection. Nous étions convenus de nous retrouver tous trois un 12 ou un 13 août, mais je devais, au préalable, me manifester d'un coup de téléphone. Or, tandis que je me morfondais rue de l'Entrepôt, mes appels n'aboutissant pas, Gide se persuadait que je m'amènerais à brûle-pourpoint et prendrais sa clef sous le paillasson. Mais l'idée ne

---

1. *Un ami pour la vie*, roman, Grasset, 1996.

me serait pas venue de me présenter rue Vaneau sans prévenir et de monter à l'étage de Gide. J'aurais trouvé ce billet attaché à sa porte :

Mon cher Roger

Il se peut que tu viennes pendant mon absence (obligée!)... mais je dois sortir ce soir et ne rentrerai vraisemblablement que tard (vers 7 heures 1/2 ou 8 heures moins le quart) prêt à dîner avec toi si je te trouve encore rue Vaneau.
Sinon... ton lit sera fait — et la clef restera sous le paillasson.
Impatiemment ton

A.G.

Ayant décidé de ne plus sortir, Gide m'avait laissé, toujours à sa porte, un second message :

18 h.

Cher Roger

Je t'attends !...
Mais, occupé dans le studio du fond, ne pourrai sans doute pas t'entendre sonner. Entre comme tu fis l'autre fois, et viens m'y rejoindre.

A.G.

Je rouvre l'enveloppe :

P.S. 20 h 1/2.

Nous t'avons éperdument attendu. Je dois sortir. Espère te trouver à mon retour. Entre comme la dernière fois — la chambre est prête.

Sans doute m'auras-tu appelé au téléph. — et je ne t'ai pas entendu.

Furieux et désolé !

Comme je quittais Paris le lendemain, ignorant que Gide avait tout mis en œuvre pour m'accueillir, ses deux billets me rejoignirent en province, agrafés à la lettre suivante :

14 août 47

Cher Roger

Du moins je t'écrirai... Eh oui ! Si j'avais mieux lu ta lettre annonciatrice tout de suite (comme je fis et refis hier soir, avec une attention désespérée) j'y aurais vu que tu m'annonçais non ta venue immédiate, mais un coup de téléphone d'abord, où j'aurais pu te dire : « accours ! »

Comme je t'attendais ! Je t'avais réservé mon dîner, ma soirée, ma joie... Et je n'étais pas seul à t'attendre. Car j'ai retenu près de moi C. que tu souhaitais rencontrer, que je souhaitais te faire connaître, qui s'était amené par un hasard providentiel, ce même soir. J'avais glissé dans la serrure le petit billet que voici, qui t'invitait à nous rejoindre dans le studio du fond, bien à l'abri, mais loin du téléphone, de sorte que je n'ai pu entendre ton appel. Et j'aurais pu déplacer la sonnerie, de manière à pouvoir l'entendre; mais je n'y ai même pas songé... Triple imbécile que je fus! Ratage absurde! Parfait, si tant est que l'on puisse parler de perfection dans le négatif — et que j'aurais si bien pu éviter si seulement j'avais mieux lu ta lettre...

Et tandis que le temps passait, et comme il lui fallait retourner près de sa mère, nous avions convenu que tous deux, toi et moi, l'irions retrouver chez lui sitôt après dîner; occasion merveilleuse de m'acquitter d'une visite, promise depuis longtemps, à sa mère. Il avait, lui, passé tout le jour à la piscine et ne s'était jamais montré plus exquis.

N'en parlons plus. Rien de plus vain que les regrets; mais ils prennent couleur de remords lorsque l'on doit se dire : c'est ma faute. Du moins je t'écris aussitôt, afin que tu les partages un peu — non les remords, mais les regrets, et te dises : j'ai trop vite conclu de son silence à son absence; j'aurais dû m'amener tout de même. Deux lampes ont brûlé toute la nuit pour éclairer tes pas jusqu'à ta chambre prête... Et tu aurais eu tant à me raconter; moi tant à te dire! Il faut remettre à quand?...

Je t'embrasse d'autant plus fort.

A.G.

Informé de notre mutuelle déconvenue, Robert Levesque, soit malice, soit convoitise, se plut à en épicer les circonstances :

« L'autre jour, Gide m'a raconté comment il avait maintenu sous une légère gandourah le jeune objet, et ceci jusqu'à 7 heures et demie, dans l'attente qu'ils étaient tous deux de ton apparition. Et puis, comment ensuite, continuant de t'espérer, il n'était même pas descendu dîner et avait laissé brûler la lumière toute la nuit. Il se désole d'avoir mal lu ta lettre. Il aurait tant aimé te voir en présence de son jeune ami. »

Cependant je bénissais le ciel de m'avoir peut-être épargné une de ces passions dont je redoutais les désordres. Plus aguerri, plus désinvolte, Robert allait-il, en mon absence, se porter candidat ou même jouer les suppléants ? Si lié qu'il fût avec lui, Gide ne le voulait pas. Il me le redit sans ambages : « Cette feuille de ton bloc t'atteindra-t-elle avant ton départ pour Paris ?... C'est pour te prier instamment de ne point mêler Robert aux rapports que tu pourras avoir avec C. ; ni même de l'en aviser. Il importe[1]. »

---

1. 25 décembre 1947.

14

Les pérégrinations de Robert Levesque
m'avaient mis en appétit. Mais nous étions,
sur les routes, d'humeurs fort dissemblables.
Des pays qu'il sillonnait, sans en porter le
froc, dans l'espoir d'une rencontre, d'une
émotion où tremper sa plume, Robert revenait intact, quand, à l'opposé, je m'expatriais
corps et âme. Ainsi, à la Tunisie des plages
je préférais Kairouan d'où les touristes,
avachis par la chaleur, refluent vers Sousse
en fin d'après-midi. Un jeune instituteur,
Romdhane, rencontré sur les nattes du café
Brija, me reçut dans sa famille. Point de lits
dans la maison, ni de couverts à l'heure des
repas : chacun puisait dans un plat commun.
Le soir, nous déroulions notre tapis. Et je
n'entendais la voix du muezzin que comme

un appel à la prière. « Tu t'emballes ! » m'écrivait Jean-Paul Aron, mi-réprobateur, mi-amusé. « Je retrouve ton côté scout ! La chéchia est pour bientôt. »

De fait, les voyages m'exaltaient moins que les séjours. Ce qui m'attirait à l'étranger, c'était l'étranger dans ce qu'il avait d'intraitable, non pas le dépaysement.

Il en allait de même pour mes lectures. Je me défendais de « naturaliser[1] » les auteurs. A force d'abnégation, je prétendais m'introduire dans le monde romanesque de Diderot, de Balzac, de Flaubert, m'y soumettre et ne rien négliger. Corps, mœurs, silences, antipathies, tout me semblait digne d'intérêt ; une ligne de conduite que j'ai suivie depuis lors, de *Jacques le Fataliste* à *Bouvard et Pécuchet*.

En juillet 1947, lors d'une décade de Royaumont que m'avait offerte Gide[2], la découverte des essais, si peu convenus, d'Ernst Robert Curtius, avait été un vrai bonheur. Je n'imaginais pas qu'un universi-

---

1. L'expression est d'André Gide dans son *Dostoïevski*, Paris, Plon, 1923, p. 201.
2. « Je viens donc de téléphoner à Martin-Chauffier — appuyant ta candidature pour Royaumont du 20 au

taire pût donner pareilles marques d'humilité. Le «liseur», note Curtius, d'un vocable qu'il empruntait à Valery Larbaud, se doit de «se laisser porter», de chercher aventure, de reconnaître dans l'écrivain de génie «le citoyen d'une patrie inconnue». C'est à Curtius que Gide écrit : «Le "Comment peut-on être Persan?" de Montesquieu reste un cri spécifiquement français.» Plutôt se demander : qu'est-ce qu'être Persan?

Sans rien connaître encore de la correspondance de Gide et de Curtius[1], je les savais, tant par Robert Levesque que par le *Journal* de Julien Green, liés de longue date. Robert avait même donné des leçons de français à Madame Curtius, alors qu'il enseignait au lycée Chateaubriand de Rome. Rien ne m'importait plus, cet été-là, que de rencontrer Ernst Robert Curtius, et, si possible, de travailler à ses côtés.

Les lettres de Gide me remettent en mémoire les derniers mois de 1947.

---

30 juillet. Tu es accepté; c'est chose faite. Et je me brouille avec toi, si tu n'acceptes pas, amicalement et simplement, que j'assume les frais de ton séjour là-bas. C'est entendu avec Martin-Chauffier» (13 juillet 1947).

1. Publiée seulement en 1980.

De Neuchâtel où, Prix Nobel, il a trouvé refuge, à quelques enjambées du lac, dans le bel appartement de Richard Heyd, son éditeur, et celui de Claudel, il m'écrit :

15 Evole : Neuchâtel
27 Nov. 47

Cher Roger

Oh! parbleu oui, je pense à toi souvent, et compte sur ton amitié pour excuser mon silence. Mais je suis débordé et sans cesse l'agréable cède le pas à l'obligatoire : un tas de lettres quasi officielles qu'il serait de la dernière indécence de ne pas écrire... ajoute que je suis très fatigué (et dois remettre à je ne sais quand mon retour à Paris, et, par conséquent, le plaisir de te revoir ; tout trimballement m'est interdit). Ajoute encore que je me sens en excellentes dispositions de travail et peste et enrage contre ce qui me distrait de ce que je voudrais écrire encore et ne pourrai mener à bien que si les importuns me fichent la paix. Tu n'es certes pas de ces derniers — et de penser à toi m'exalte au contraire et me rajeunit. Heureux de ce que tu me dis de ton bon travail, je t'embrasse bien fort et tendrement.

André Gide

En décembre, j'envisage de m'arrêter à Neuchâtel. « Ce serait merveilleux !! » me répond Gide. « Ta bonne lettre me ranime et remet en place un cœur un peu fatigué. Il se trouve que, connivence du sort, mon hôte doit regagner Paris la semaine prochaine et me laisse à Neuchâtel complètement seul pendant trois jours (aux soins d'une aimable et innocente soubrette) — exactement du 15 au 18. Si cela peut coïncider avec ta venue : parfait ! Tu logerais ici[1]. »

Ce voyage n'eut pas lieu, les Heyd, rentrés plus tôt que prévu, ayant engagé leur chambre d'ami pour le week-end. « Viendrais-tu quand même ? » me demande Gide. « J'ose à peine le souhaiter.... Je t'avertis en hâte, pensant que, dans ce triste cas, tu préfères donner à Paris ton temps de liberté, et à Robert qui t'attend toujours et que tu combleras de joie. Et ceci tempérerait la tristesse de ma déconvenue[2]. »

De passage rue Vaneau, je tiens à la main les pages de Novalis que je viens de traduire, *La Chrétienté ou l'Europe.* « Voilà, me dit Gide, qui ne manquera pas d'intéresser Curtius ! Tu aurais ta place à l'université de Bonn. »

---

1. 27 novembre 1947.
2. 17 décembre 1947.

15

Adolescent, je montais en épingle des maux dérisoires — rhumes ou refroidissements — dont je me plaignais plus que de raison, assuré que Gide ne manquerait pas de me réconforter, et il s'y employait : «Je m'attriste de te savoir souffrant... Voudrais pouvoir t'envoyer d'ici santé, joie, insouciance, sciuscias... et tout ce dont je suis privé moi-même... Guéris-toi vite de ce je ne sais quoi qui te confisque et que ton prochain billet me rassure!» Enfin, une vraie maladie — les oreillons — que, vu les séquelles possibles, je me gardais de divulguer, m'immobilisa plusieurs semaines dans une posture bouffonne, une planchette de bois glissée sous les bourses. «Vingt-cinq jours de lit!» m'écrit Gide. «Quelle belle convalescence le printemps va t'offrir! Il manquera toujours quelque chose à ceux qui n'ont jamais été malades : certain étonnement devant la vie [1]... »

Il ne m'annonce, lui, ses accrocs de santé que pour s'excuser d'être indisponible. Et quand il précise «aucune envie de...», c'est qu'il est vraiment au plus mal.

Les insomnies, surtout, le mettent à plat. Rares, note-t-il, les nuits de «passable sommeil». Depuis ma dix-septième année, je souffrais du même mal. Etait-ce la hantise des examens, la règle familiale du lever trop matin, ou bien le sombre récit, quotidiennement repris par ma mère, à l'heure du petit déjeuner, de tant de nuits où elle n'avait pas fermé l'œil?

Longuement Gide me répond qu'il sympathise et voudrait pouvoir me conseiller :

«Si tu recours à des produits pharmaceutiques, redoute particulièrement les barbituriques (encore que le gardénal reste, du moins pour moi, le plus efficace). Mais je te

_______ ___

1. 17 avril 1947. Le 1ᵉʳ juin 1949, il notera dans son *Journal* : «Pour bien réussir une convalescence, il y faut la complicité du printemps.»

recommande les remèdes à la codéine ; peut-être trouverais-tu les petites pastilles dites de "paracodine" que j'ai rapportées de Suisse (introuvables en France).

« J'ai écrit quelque part : "Je ne m'endors jamais sur fond noir" ; la codéine suscite le rêve ; il ne reste plus qu'à couper dedans. Ceci dit, avouons que j'étais, ces temps derniers, éreinté par les insomnies (légère amélioration, depuis cinq jours, grâce à la paracodine (?) et à un meilleur état du foie). J'en suis venu à me relever au milieu de la nuit, à une, deux ou trois heures, exaspéré sous toutes les entournures. Je me rhabille, tâche de travailler, de lire, imbécillifié au point de ne comprendre plus les phrases les plus simples. Je broute quelques biscuits secs, un verre de lait (s'il y en a), ou de vin. Je me réétends une ou deux heures après sur ma couche, fût-ce tout habillé et plonge alors, mais alors seulement, dans un nirvana réparateur. Si je te raconte tout cela, tu comprends bien n'est-ce pas que c'est par grand désir de t'aider en te faisant part de ma vieille expérience — désolé de te savoir souffrant de ce mal dont souffre également ma fille Catherine (qui vient de me faire grand'père pour la 3ᵉ fois).

Avec André Gide

« Il faut ruser avec l'insomnie ; tâcher de se persuader que, après tout, ce n'est pas si grave ; encore que ce soit *crevant*[1]. »

---

1. 30 janvier 1949.

16

Nous n'avons guère parlé littérature ensemble, un regret d'autant plus amer que, grâce à Robert Levesque, j'avais lu, en français et en allemand, nombre de grands auteurs souvent ignorés des adolescents de mon âge. Aujourd'hui, je me verrais tenir tête à Gide sur Flaubert ou les Goncourt; par exemple sur *Bouvard et Pécuchet* qu'il réduit à une épopée du dégoût et à une traque obsessionnelle de la bêtise humaine[1], comme si l'amitié n'y jouait pas le premier rôle, de même que dans *Charles Demailly* ou *Les Frères Zemganno* des Goncourt.

---

1. Mais il avait, le premier, souligné la parenté de la *Tentation* et de *Bouvard et Pécuchet* (*Journal*, 19 septembre 1917).

Par goût de la fiction, j'avais renoncé aux études de lettres. Faute de retrouver le délire et les mœurs des écrivains que j'aimais dans l'enseignement et les livres qui les prenaient pour prétextes, je m'étais tourné vers la philosophie. Etais-je philosophe pour autant? Gide se le figurait. Or, tout en admirant la majesté des systèmes, nous nous enchantions, l'un et l'autre, des pages les plus simples. Comme de cette lettre à Guez de Balzac où Descartes s'étonne qu'on puisse goûter l'air d'Italie « avec lequel on respire si souvent la peste, et où toujours la chaleur du jour est insupportable, la fraîcheur du soir malsaine, et où l'obscurité de la nuit cause des larcins et des meurtres... ».

« Continue à pratiquer Leibniz et Spinoza, excellente école », m'écrit Gide en avril 1947. « As-tu entrepris le *Traité théologico-politique* ? »

Dans la correspondance de Spinoza, je me flattais d'avoir relevé une lettre particulièrement remarquable. Gide, piqué (d'où le « Cher R.K. », inhabituel sous sa plume), voulut en avoir le cœur net :

Avec André Gide

25 mai 48

Cher R.K.

Je te trouve fort impertinent de me signaler une lettre LXXVI de Spinoza, lorsque mon édition (Saisset) n'en contient que 39 — dont une à Burgh un peu barbante.

Des deux autres éditions de Spinoza que je trouve dans ma bibliothèque, l'une (Lantzenberg) ne contient que l'*Ethique*. L'autre (Appuhn) n'a que deux volumes. Y aurait-il un tome III ? Ta lettre me le laisse comprendre... Me voici tout dépité. Ce tome III, puisqu'il existe, je me le procure aussitôt, à moins qu'il ne soit épuisé. J'ai, dans ma bibliothèque, quantité de lacunes de ce genre — déplorables — ouvrages incomplets — mais bien décidé à ne pas «m'en faire».

Je vais mieux ; mais depuis quelques jours seulement — et aussitôt remis au travail. Quant aux projets... je vis au jour le jour, mais tâche tout de même de découvrir où et quand nos routes pourraient se croiser.

27 mai

Constamment interrompu... J'ai reçu ce matin le tome III de Spinoza (Appuhn) commandé au sortir de ta lettre. La lettre LXXVI est celle même qui figure en XXXVIIIe dans le Saisset...

Je la relis encore et retire le «un peu barbant» que j'employais pour la qualifier ; elle est fort belle, en effet ; mais pourtant pas beaucoup plus belle que celles qui précèdent, me semble-t-il — et dont je m'étais nourri lorsque j'avais ton âge. C'est dans la

99

correspondance de Descartes, que j'étais plongé ces derniers temps.

A regret, je dois te quitter... trop à faire. Mais tout avec toi tout de même.

André Gide

Je poursuivais à Strasbourg des études entamées à Bordeaux. Avec des maîtres aussi exigeants que Georges Canguilhem, Jean Hyppolite ou Daniel Lagache, nous avions du pain sur la planche. Le *De Natura Rerum* de Lucrèce, que nous lisions dans le texte, comme du reste les philosophes grecs ou allemands, nous donnait du fil à retordre. Ayant appris par Robert que Gide, lors de son exil en Algérie, du temps où il écrivait *Thésée*, s'était astreint à traduire l'*Enéide* à raison de quatre ou cinq heures par jour[1], je guettais le moment de le mettre à contribution. Le 20 juin 1947, de passage à Strasbourg, il m'invite à le rejoindre dès six heures

---

1. Ce que confirme une lettre d'André Gide à Ernst Robert Curtius : «Durant mon exil à Alger, je m'étais remis au latin, avec délices (à Virgile presque exclusivement)...» 24 février 1947, in *Deutsch-französische Gespräche* (1920-1950), *La Correspondance d'Ernst Robert Curtius avec André Gide, Charles Du Bos et Valery Larbaud*, Vittorio Klostermann, Francfort-sur-le-Main, 1980.

du matin, au buffet de la gare. Nous attendrions ensemble la voiture qu'on lui envoyait de Tübingen pour l'emmener au Wurtemberg. Pendant plus de deux heures, nous débrouillons de concert les passages les plus épineux du cinquième livre de Lucrèce, en particulier ceux consacrés à la physique d'Epicure.

Comme sujet de « diplôme », lointainement inspiré par l'étrange soliloque, au lycée Montaigne, de Monsieur Lenègre, j'avais proposé : *Le quotidien et les rencontres dans les dialogues de Platon.* Pêle-mêle je jetai sur le papier toutes les images qui me traversaient l'esprit : le vécu, la marche des journées, la touffeur de l'été grec, les libations et les fêtes, la mosaïque des générations, le désir (d'enseigner, de progresser, de conquérir, d'être aimé). Gide approuva haut et fort ce projet. Mais Georges Canguilhem, lui, n'était pas du genre à faire le joli cœur — c'était son expression — sur les bords de l'Ilissos. Excellent nageur, il se serait jeté plutôt dans une mer en furie. D'un ton comminatoire et amical, eu égard à ma carrière, il m'enjoignit d'abandonner ces mièvres billevesées pour traduire et commenter un opuscule, au demeurant passionnant, de Kant, l'*Essai pour introduire en philosophie le concept de grandeur négative*. Ce serait, ajoutait-il, faire œuvre utile. Toute la communauté philosophique en bénéficierait.

17

Le titre de l'*Essai* me rebutait. La tâche était ardue, et plus revêche que jamais, en 1763, l'écriture de Kant, sujets et compléments se dérobant à chaque page dans une syntaxe infernale. Je soumis à Gide un paragraphe des plus entortillés. Robert Levesque fut chargé de me répondre : «Jean Lambert et lui ont lu devant moi la phrase de Kant; ta traduction a paru correcte, mais le sens ne leur est pas plus qu'à toi apparu. Il n'y a pourtant, paraît-il, pas un mot à reprendre [1].»

C'est ici qu'intervient Jean Beaufret. Bien avant de le rencontrer chez Roger Stéphane, je l'avais entraperçu dans *Chronique d'une*

---

1. Mars 1948.

passion, de Jouhandeau. Je l'aimais, entre autres, pour la singularité de son langage. Eludant, comme par un élan du cœur, les temps du passé, il ne s'exprimait jamais, du moins dans la conversation, qu'au présent de l'indicatif : «Je pars, j'arrive, j'apprends, on me dit que...» Ses parents s'étant retirés dans la Creuse, il allait et venait inlassablement entre Paris et Aubusson, trans-portant pour eux dans sa voiture qui la femme de ménage, qui le masseur, éventuellement le médecin. Je me rappelle le récit qu'il me fit, beaucoup plus tard, de la mort de sa mère : «Cela se passe un samedi matin, de la façon la plus inattendue. Je suis dans ma chambre à ranger des papiers. Nous avons à déjeuner des amis d'Aubusson venus chercher leur fils, pensionnaire non loin de là. J'entends la voix de maman dans l'escalier : "N'oubliez pas le pot-au-feu ! Il est grand temps !" Madame Marguerite descend et la voit qui s'affaisse, un balai à la main.»

Je l'aimais aussi pour tout ce dont il ne soufflait mot, par modestie. Ainsi, je m'étonnai de découvrir passage Stendhal, dans son appartement si poussiéreux, si pauvrement meublé, à côté de son bureau, une superbe toile de Derain. «Il y a dans l'œuvre de

Derain, me fit superbement remarquer Jean-Paul Aron, le meilleur et le pire ; chez Jean, je l'affirme, c'est le meilleur ! » Lors d'une autre visite, il me remit, à poster outre-Rhin, deux feuillets d'une enquête sur l'art, d'André Breton, chaleureusement dédicacés à Martin Heidegger.

Comme Jean Beaufret se rendait très régulièrement en Allemagne, il me proposa de l'accompagner et de me présenter à Heidegger avec qui je pourrais même bavarder en alsacien ou en badois. Ainsi, je pris l'habitude de filer vers Fribourg chaque fois que, dans Kant, je perdais pied. Les Heidegger me retenaient à déjeuner, à souper, à coucher même. Et je repartais savant et léger.

Madame Heidegger n'avait pas l'air éteint et corvéable des femmes de professeur. Je l'entends encore nous couper la parole en début d'après-midi : « Martin, c'est l'heure de ta sieste ! » ou bien, tout en débarrassant la table du goûter, me glisser : « Il faudrait que Martin monte à son bureau pour préparer son travail de demain matin ! » Elle se crispait chaque fois que Jean, dans des moments de concentration extrême, écarquillant les yeux, et soufflant sans fumer, laissait tomber sur le tapis la cendre de sa cigarette

Entre 1945 et 1975, je revis Heidegger assidûment. Il me signait ses livres dans la fine écriture gothique que nous pratiquions encore. Nous nous retrouvions soit en Allemagne, soit en Suisse. Il lui arrivait de faire un saut à Bâle pour admirer, chez Beyeler, un Cézanne exceptionnel, puis m'inviter à déjeuner, une fois avec Jean-Paul Aron.

«Ne le crois pas indifférent à d'autres littératures que l'allemande», m'avait prévenu Beaufret. «J'ai découvert récemment qu'il avait la plus grande admiration pour Lorca, et même, qu'il conservait de ses dessins les plus osés dans un tiroir de son bureau.»

J'ignore s'il parlait le français, mais comme il le lisait couramment, Beaufret m'avait suggéré de lui offrir, plutôt qu'une boîte de foie gras ou de chocolat, un ou deux romans. Je lui apportai *Splendeurs et misères des courtisanes* et *Les Caves du Vatican*. Il m'interrogea sur Gide dont j'évoquai la sollicitude et le temps qu'il me consacrait.

C'était un dimanche matin. Heidegger tire de sa bibliothèque un gros volume où choisir le passage qui sustentera notre entretien. Or, Beaufret, d'humeur goguenarde et taquine, voudrait que nous parlions de l'amitié plutôt que d'Aristote ou d'Anaximandre : «Was ist eigentlich Freundschaft?» Qu'est-ce, au fond, que l'amitié? Il venait de relire, dans le train, pour sa classe de Condorcet, le fameux chapitre XXVIII du premier livre des *Essais*, «trop fameux en un sens, et si énigmatique» : «Tout au long de nos études, on nous a jeté en pâture, comme le fin mot de l'histoire et pour solde de tout compte, le "parce que c'était lui, parce que c'était moi". Une formule qui renvoie, selon Montaigne, à un "au-delà du discours". L'inexprimable dont il est ici question, devient, dans les lignes suivantes, une espèce de roman avec le bref récit que nous fait Montaigne de sa première rencontre avec La Boétie, rencontre miraculeuse et muette dans un concert de bruits. D'un regard, ils se reconnaissent sans s'être jamais vus.»

Les coudes appuyés sur son bureau, Heidegger écoute en souriant.

«Ce chapitre, poursuit Beaufret tout en ouvrant son exemplaire des *Essais*, pourrait s'intituler "l'amitié dequoy je parle", la sienne, la leur, monument unique et fabuleux. Une bonne douzaine de fois, Montaigne adjure son lecteur de ne pas la rapporter aux "amitiés communes" (qu'il a partagées, lui aussi), aux "superficielles accointances". Il s'avance en solitaire, doublement, parce qu'il a perdu son "compagnon inviolable" et qu'il appréhende de n'être pas compris. Car il faudrait, pour cela, que d'autres "eussent essayé" ce qu'il expose, et ce n'est pas le cas. »

Je l'interromps pour m'étonner que Montaigne, jamais à court d'érudition, ait passé sous silence *Lysis ou de l'amitié*. Peut-être parce que Socrate et ses interlocuteurs, empêtrés dans leur dialectique, s'avouent, au moment de lever la séance, incapables de dire ce qu'est un ami.

Beaufret n'en croit rien : « Sans être cité, le dialogue de Platon est sous-jacent aux réserves de Montaigne sur la "licence grecque". Montaigne tient l'immaturité pour incompatible avec la parfaite union. Songe que Lysis et Ménexène n'ont qu'une douzaine d'années... »

Heidegger s'était tu jusqu'alors. Mais il lève le doigt : « Ces enfants sont étonnants, de vrais surdoués, parfois dépassés, on le conçoit, jamais ridicules. Vous m'avez beaucoup intéressé, mais je vois les choses plus simplement : "So fragwürdig ist das nicht!" Kempf nous a parlé tout à l'heure de la générosité d'André Gide. N'est-ce pas ça, l'amitié? Le sacrifice non de son argent, ni de quoi que ce soit d'autre, mais de son temps, oui, le don de son temps. Je ne vois pas d'autre définition. »

18

Ma traduction parue chez Vrin, dans la «Bibliothèque des textes philosophiques», avec une présentation, quelque peu engoncée, de soixante-dix pages, je me hâtai de l'envoyer à Gide, sans me douter qu'il en serait abasourdi. Jamais, en effet, il ne m'aurait imaginé glosant sur la positivité du négatif, les nombres nombrants et les nombres nombrés, la *Theoria motus abstracti* de Leibniz ou la *Vernunftlehre* de Reimarus. Etais-je bien celui qui, rue Vaneau, s'était aventuré sur le front des techniques romanesques?

«Je viens, m'écrit Gide, de passer près de trois heures avec ta thèse; un peu découragé, car il faudrait pouvoir donner beaucoup plus de temps encore et je suis harcelé. Ton long travail a ceci de très désobligeant pour moi, de me faire sentir sans cesse mes insuffisances ; mais ceci même n'est pas mauvais, comme tout ce qui rabat notre superbe ! Quand je songe (et je l'oubliais sans cesse en te lisant) que c'est toi l'auteur de ce travail, je n'en reviens pas, en demeure stupide. Je vois te pousser aussitôt au menton une barbe imposante et n'ose plus te parler. » Et en post-scriptum : « Maints passages de ta thèse m'ont vivement intéressé en dépit de mon incompétence[1]. »

L'année suivante, en convalescence dans les Alpes-Maritimes, Gide remet son ébahissement sur le tapis :

Villa Joyeuse
Rue Fontaine du Pin
Juan-les-Pins

15 juillet 49

Cher enfant

Ton livre me force à t'imaginer avec une longue barbe blanche, ce qui est très gênant. Ton érudition me plonge dans la stupeur. J'ai fait de grands efforts, un peu essoufflants, pour te suivre, en veillant bien à ce que ma considération épatée ne nuise en rien à mon affection.

---

1. 27 juin 1948.

Je dirige ce billet sur ton adresse familiale, en souhaitant qu'on le fasse suivre je ne sais trop où... Si c'est à Neuchâtel qu'il te rejoint, transmets aux Heyd maints délicats messages — et excuses de leur écrire si peu.

Après un mois ou 6 semaines de clinique et convalescence silencieuse, j'ai perdu l'habitude; mais le cœur n'y perd rien.

Je songe souvent à toi; et à Robert, qui parle de Marrakech d'une manière tourneboulante. L'un et l'autre, ensemble ou séparément, je vous enveloppe d'attention chaleureuse et inquiète.

Je vais mieux, sans aller encore très bien; mais t'embrasse bien fort.

André Gide

Que tu es gentil d'avoir trouvé le moyen (et pas trop tiré par les cheveux!) de me citer en cours de route. Tout surpris et ravi.

L'une des curiosités de l'*Essai* est de formuler, exemples à l'appui, une des premières théories de l'inconscient, Kant invoquant «l'activité admirable que dissimulent les tréfonds de notre esprit». S'inspirait-il, ou non, de Leibniz? C'est à ce propos que je citai une phrase de *Prétextes* : «L'influence ne crée rien : elle éveille.»

La barbe métaphorique que me prêtait Gide, loin de me faire rire, m'alarmait. J'allais jusqu'à craindre que ce maudit concept de grandeur négative, tels les vents contraires évoqués par Kant, ne détournât notre amitié. Des barbes s'entremêlaient dans mes souvenirs de lecture, depuis celle d'Hérold, coupée, pendant son sommeil, à la demande de Gide, jusqu'à celles de Francis Jammes et Henri de Régnier[1]. Mais, après tout, n'avait-on pas vu Gide lui-même, alternativement moustachu et barbu, entre 1892 et 1907?

C'est au prix d'un lapsus que Gide enfin se rassérène : « Le livre de Roger Kempf me plonge dans la stupeur... et dans la honte de l'incompréhension. Platon serait ravi sans doute[2]. » Athènes l'emportait sur Kœnigsberg. Gide n'en démordra plus. Me recommandant à Ernst Robert Curtius[3], il me présente comme l'auteur d'une thèse sur le *Banquet*. Je ne les détrompai ni l'un ni l'autre.

---

1. « En vous quittant, je me suis aperçu que je vous aimais beaucoup — malgré votre barbe, que vous devriez bien garder, maintenant que l'on dit qu'Hérold n'a plus la sienne » (André Gide à Henri de Régnier, vers le 5 septembre 1894).

2. André Gide à Robert Levesque, 16 juillet 1949.

3. André Gide à Ernst Robert Curtius, 13 novembre 1948.

19

Au printemps de 1948, sans me recommander de quiconque, j'avais longuement écrit à Ernst Robert Curtius. Ma lettre l'avait intéressé. Il était tout disposé à m'engager comme lecteur, mais ne pouvait rien entreprendre sans l'accord des autorités françaises, en l'occurrence du ministère des Affaires étrangères. A vous de vous débrouiller, avait-il conclu un peu sèchement; la balle est dans votre camp!

Presque au même moment, André Gide et Robert Levesque retrouvaient à Paris leur ami Pierre Letellier, un ancien de Pontigny. Professeur à l'université d'Upsal, il était en quête d'un «coadjuteur éventuel». «Vous voulez dire d'un assistant? lui demande Gide. Mais pourquoi éventuel? — A condition que, d'ici là, je ne sois point marié — Vous avez quelqu'un en vue? — Oui. — La personne consent? — Je ne lui en ai jamais parlé et ne pense pas que ce soit pour demain[1].»

Rassurés, Gide et Robert, d'une même voix, me couvrirent de fleurs. J'étais pris au piège. La Suède, non seulement je ne la désirais pas, mais je l'appréhendais comme un cauchemar. Or, Gide, conquis par le charme de Letellier, me pressait de consentir à cet exil en attendant que se libère le poste de Bonn. Je lui citai le mot de Mademoiselle de Lespinasse : «Tout cela vaut mieux que la Suède! — Non, me répond Gide, sa main sur la mienne, il ne s'agit pas de cela. Letellier t'ouvre une porte, te met le pied à l'étrier. Pourquoi, par exemple, ne pas profiter de cette année pour lire tout Balzac, de la première à la dernière ligne? Tu n'aurais pas perdu ton temps.» De son côté, Robert, chiffonné par mes hésitations et mon inappétence, me poussait plus vivement encore : «Pour ce qui est de Letellier, je sais quelles sont ses qualités — et je vous imagine très bien ensemble, faisant bon ménage. Tiens,

---

1. Scène rapportée par Robert Levesque, 3 mai 1948.

quand je lui ai dit que tu avais fait des études de flûte, il a aussitôt pensé à se procurer un piano... Tu jouirais d'un confort extrême, car la Suède a tout prévu pour le bien-être corporel. Tu boirais, à la lettre, des fleuves de lait et de crème. Le poisson, dont tu raffoles, est inégalable ! On ne mange guère que cela. Une chose manque, assez inexplicablement : ce sont les draps de lit. Apportes-en deux paires... Depuis l'heure de notre connaissance, j'ai œuvré pour ton bonheur et ton épanouissement. Cette expérience, à l'entrée de ta carrière, sera pour toi sans prix. »

Que pouvais-je objecter ? « Hier, m'écrit Gide[1], longue conversation avec Letellier : tout semble s'arranger (pour toi) à merveille et je ne doute pas que ce long séjour en Suède, tu ne saches en tirer le plus grand profit. »

En relisant les lettres de Robert, j'y décelais d'autres aspects qui m'avaient d'abord échappé : non seulement l'argument d'un progrès personnel, la clef d'un avenir, mais un vade-mecum dicté par la fragilité de mon hôte. C'est surtout d'aide morale qu'il a

---

1. 27 juin 1948.

besoin, m'écrivait-il en substance; sois gentil avec lui, il est extrêmement sensible, peut-être même susceptible. Ne te bute pas vainement! Il veut plaire? Laisse-toi séduire!

Au mois d'août, Georges Canguilhem, de Mazagrand où il était en vacances, m'adressait d'ultimes directives : «Profitez de votre séjour à Upsal pour vous intéresser à Linné et tâchez de rapporter en France quelque chose sur ses travaux, sa méthode et sa *Weltanschauung*. Vous devriez lire avant votre départ le livre de Hagberg : *Carl Linné.*» Il me donnait ensuite des nouvelles de mes camarades : «Dagognet a été collé à l'oral de l'agreg et Deleuze reçu 8ᵉ.»

Ma première déconvenue fut de n'être pas logé à la Maison de France dont Letellier avait la charge. Il me représenta, avec beaucoup de douceur, que je serais, dans son appartement de Gröpgrand, comme un coq en pâte, choyé par Berthe, sa gouvernante, une vieille dame qu'il avait ramenée de Normandie où sa retraite lui pesait.

Ma chambre donnait sur un cimetière boisé qui était un lieu de promenade, et, la nuit, d'ébats amoureux. Mais cette chambre était contiguë de celle de Letellier que je devais traverser, sur la pointe des pieds, pour me rendre dans la salle de bains. Un matin, j'y surpris Berthe sous la douche, dressée sur ses ergots, et s'avançant vers moi, dans le plus simple appareil, pour me repousser. «Je la comprends, me dit Letellier, elle n'aurait pas eu le temps de décrocher son peignoir.»

D'ordinaire, je ne voyais Berthe qu'à ses fourneaux. Où était sa chambre? A quel bout de l'appartement? Je l'ignorais. Cuisinière incomparable, altière et dévouée, tenant de la Françoise de Proust et de la Félicité de Flaubert, elle avait été au service de Georges Rouault, puis du directeur des Folies Bergère. Entre deux préparations, elle brodait ou bien récitait son chapelet.

Cependant je prenais du poids. Berthe s'en félicitait comme d'un hommage à son talent. Je le devinais au regard qu'elle tournait vers moi en posant sur la table, non pas au milieu, mais au plus près de mon assiette, un poulet ou un poisson subtilement farci. Dans ces moments-là, Pierre s'impatientait. La cuisine de Berthe lui paraissait agréable, sans plus. Son génie lui échappait. Parfois, il me lançait d'un ton aigre : «Mange, ça te fera débourrer!»

Robert Levesque m'avait prévenu que

mon poste serait semi-officiel. Aucun document ne précisait mon statut. Peut-être Letellier se déchargeait-il sur moi d'une partie de son enseignement. En tout cas, mes tâches étaient minimes. Un après-midi par semaine, je délaissais Balzac pour expliquer à une demi-douzaine d'étudiants obséquieux et guindés les difficultés de la langue française. Sur l'accord des participes je discourais avec ivresse. Au contraire, la place du pronom personnel déboussolait mon auditoire. Convenait-il d'écrire « tiens-le-toi pour dit » ou « tiens-toi-le » ? Bouvard et Pécuchet en auraient fait une maladie. Avec Grevisse j'invoquais la fréquence de l'usage.

Le petit nombre de mes élèves m'inquiétait. « Mais c'est très bien ! » me répliquait Letellier. « Pour son cours magistral, celui sur Flaubert, Albert Thibaudet, l'un de mes prédécesseurs, avait eu moins de monde. »

De la langue suédoise, je ne connaissais que quelques mots, dont *tack* — merci — qui ne réclame aucune gymnastique vocale. J'en gratifiai le passant qui m'interpellait, un soir, à l'entrée du cimetière, désignant tantôt le ciel, tantôt ma personne : « Your head ! Your head ! » C'était donc cela ! Il faisait un froid polaire et je circulais nu-tête, risquant une congestion cérébrale en un pays où les soins médicaux sont gratuits. Une kyrielle de *tack* me vint aux lèvres. Le lendemain, je me procurai un gros bonnet de laine à pompon rouge.

Letellier n'était pas un bourreau de travail. Il avait souffert, dans sa jeunesse, d'une tuberculose qui avait nécessité plusieurs séjours à Davos. Une intervention chirurgicale avait infléchi son squelette ; sa tête légèrement inclinée sur une épaule lui conférait une mine pastorale.

L'air vif d'Upsal l'avait remis en forme. Ses journées étaient coupées de siestes et de promenades. Comme il se ménageait énormément, il n'avait mené à terme que deux opuscules, l'un sur le cheminement de la grâce dans les romans de François Mauriac, l'autre sur les « intermittences du cœur ». Des pages dérisoires qui approvisionnaient ses conférences. Il les avait, au fil des ans, augmentées, fignolées, bonifiées. Je les jugeais avec de plus en plus d'indulgence, y devinant, enfouies, loin de toute littérature, des inquiétudes, métaphysiques ou profanes, parfaitement respectables.

Nos liens se resserrant, je découvrais un

autre personnage, composé de Jupien et d'ecclésiastique, dont Berthe, dans sa cuisine, était loin de subodorer les fredaines. Jouant de la confiance qu'il inspirait à chacun, et, de plus, parlant à la perfection plusieurs langues, dont le suédois, Letellier se mit à la psychothérapie. Deux de ses étudiants avaient sollicité ses bons offices. Il les recevait à intervalles réguliers ; je leur ouvrais la porte avec toute la gravité requise.

Jamais je n'ai su de quoi souffrait Selma, une grande fille bien en chair, infirmière à ses heures, et qui semblait un modèle d'équilibre. Un jour que, de ma chambre, j'entendais des clapotis et des rires, Letellier frappe à ma porte, les pommettes rougeoyantes : « Viens, suis-moi ! Si tu veux Selma, elle est à toi. Je n'ai qu'un mot à dire. » Selma barbotait dans son bain, radieuse et consentante, plus scandinave que nature. Mais comme elle avait les hanches un peu fortes et la poitrine à l'avenant, je me bornai à la saluer poliment.

Olof, le second patient, un dadais d'une vingtaine d'années, bouffi, boutonneux, couperosé, souffrait de sa disgrâce. Par le trou de la serrure, cloîtré que j'étais pendant les séances, je le vis abaisser son pantalon. Couché à plat ventre sur le divan de Letellier, il se soumettait à l'épreuve : vingt ou trente coups d'une de ces baguettes dont se servent les professeurs de géographie pour suivre sur une carte les méandres d'un fleuve. D'une semaine à l'autre, Letellier lui détaillait les progrès de sa thérapie. Plusieurs de ses vilains boutons étaient en voie de disparition et sa taille s'amincissait déjà.

Faute d'argent, je n'avais guère quitté Upsal. De temps en temps, Letellier tirait de sa serviette un reçu de 500 ou 600 couronnes, rédigé de sa main, sur papier libre, et que je signais de confiance. «J'ai prélevé, ajoutait-il, tes frais de pension.» Il était pingre, et, néanmoins, de cœur généreux.

A la bibliothèque de l'université, la *Carolina*, je tombai par hasard sur une lettre du comte d'Avaux[1] à Voiture, datée du 5 décembre 1646 : «Je considère Madame de Longueville, comme j'ai fait autrefois le soleil de Suède, qui ne brille et n'éblouit pas moins que celui de la Guinée, mais qui ne brûle et ne noircit personne : il se contente d'éclairer des rochers et de la glace sans vouloir les

____

1. Ancien ambassadeur de France en Suède (1595-1650).

rompre. » « C'est aussi mon sentiment, me dit Letellier, je ne compte pas m'éterniser ici ; l'Allemagne me conviendrait davantage. »

Pour le moment, je riais d'imaginer Voiture en *snow-boots*, pleurant l'hôtel de Rambouillet.

20

Au contraire de Robert Levesque, voyageur sans bagages, qui travaillait n'importe où, sur ses genoux, sur un banc, dans une chambre d'hôtel, il me fallait une assise, un lieu où je ne me sente pas de passage. Du reste, tout en se félicitant des loisirs que m'offrait la Suède, Gide ne comptait pas que je m'y attarde. Déjà il se souciait de ce qui m'occuperait à mon retour. Persuadé que je m'accomplirais idéalement auprès d'Ernst Robert Curtius, il lui écrit, de sa propre initiative : «Je voulais vous parler (entre autres choses) d'un jeune Roger Kempf, que Letellier a appelé en Suède comme "lecteur" — qui s'y embête à mort depuis la rentrée et souhaite vivement un poste à Bonn. Il est des plus charmants sous tous rapports et je crois que vous auriez grand plaisir à l'avoir près de vous ; mais, à votre avis, y a-t-il, à l'université de Bonn une place vacante, une chaise (fût-ce un tabouret) où s'asseoir ? Pour un jeune philosophe dont la thèse sur le *Banquet* de Platon a été favorablement remarquée (Si oui, je vous donnerai après me les être procurées, les précisions qui me manquent.) Je me suis particulièrement attaché à lui, depuis 3 ans, et lui ai offert une "décade" à Royaumont l'été dernier. Il a contre lui à être trop charmant et à paraître encore plus jeune qu'il n'est, ce qui n'est pas peu dire : mais j'estime que c'est un garçon de réelle et authentique valeur[1]. » Cette lettre, par trop louangeuse, et d'autres qui suivirent, je n'en eus connaissance qu'en 1985. D'apprendre, dans le détail, trente-quatre ans après sa mort, les démarches spontanées, inlassables de Gide, me touche d'autant plus qu'il est, en 1948, je le redirai, à bout de forces. Il le répète à ses intimes : le travail lui pèse, la moindre lettre l'épuise. Curtius le conjure de dicter au lieu de prendre la plume, et surtout, à la veille de ses quatre-vingts ans, de tenir bon,

---

1. André Gide à Ernst Robert Curtius, 13 novembre 1948.

de suivre l'exemple de Goethe qui n'aurait échangé cet âge-là contre aucun autre.

Le 19 novembre, réponse de Curtius :

«Nous avons ici un lecteur français du nom de..., choisi et imposé par les autorités françaises (Quai d'Orsay, en dernière ligne). Malheureusement, il est ignorant et paresseux. Les étudiants sont déçus. Avec cela, brave garçon. Mais il ne fait pas mon affaire, ne lit rien, ne s'intéresse à rien. Il sert mal la cause de la France. Je serais trop heureux de le voir partir et de le remplacer par Kempf. Mais il faudrait que celui-ci fût (ou préférez-vous "soit"?) désigné par les bureaux. Est-il assez débrouillard pour se faire nommer? Letellier pourrait le conseiller.

«Je serais enchanté d'avoir près de moi quelqu'un qui est recommandé par vous. D'ailleurs le sujet de sa thèse m'intéresse. Qu'il m'écrive.»

Désigné par les «bureaux»! C'est en praticien de Balzac que Curtius pointe leur omnipotence. Si modeste que fût ma requête, elle devait être, comme dans l'*Histoire des Treize*, «vannée, criblée, épluchée par les gâte-papier, les porte-grattoir et les sublimes intelligences» d'un ou deux ministères. De ce point de vue, ma nomination semblait aussi aléatoire que, pour Monsieur Jules, le gendre de Ferragus, l'autorisation d'incinérer sa femme. Alerté par *La Comédie humaine*, Curtius s'inquiète de mon inexpérience des chicanes administratives. «A vous, me répète-t-il, de faire agir Monsieur Joxe!»

Ma candidature tournait à la fiction et à l'épreuve de force. Fin novembre, l'indésirable lecteur se cramponnant à son poste, Louis Joxe, patron des Relations culturelles, promet à Gide de faire le nécessaire[1]. Mais, au début de 1949, je ne suis pas plus avancé. Toujours d'attaque, Gide relance Joxe et m'informe :

11 janv. 49

Cher Roger

Si bons que soient les rapports (et Joxe me dit que ceux sur toi sont excellents) nul espoir d'aucun changement de poste avant octobre. Il faut en prendre son parti, et en bon philosophe te cuirasser de patience. J'ai fait pourtant ce que j'ai pu! et aussi près de Curtius qui te souhaite et t'attend, non seulement par ce que je lui ai dit de toi, mais aussi parce que le lecteur (je ne sais si c'est le mot?) français de Bonn serait des moins satisfaisants. — De sorte que, si je ne t'ai pas

---

1. André Gide à Ernst Robert Curtius, 26 novembre 1948.

écrit, j'ai du moins pensé à toi bien souvent, très contrairement à ce que tu dois croire.

Mon silence venait (aussi) de ce que j'ai été fort peu bien et que le moindre effort (fût-ce une lettre à écrire) m'était à charge. Depuis peu de temps, je vais un peu mieux, mais n'en «mène pas encore large»; c'est exactement la locution qui convient.

Il est trois heures du matin. Ne parvenant pas à dormir, je prends des habitudes à la Proust : je me relève au milieu de la nuit et tâche d'*user le temps*. Fatigue atroce : j'ai cent ans. Mais je t'aime bien

et embrasse en toi la jeunesse
de tout mon cœur défaillant
André Gide

Quelle joie d'entendre dire de toi : «on est très satisfait de lui»!!

Fin janvier, la visite, annoncée, de Joxe[1], devait me fixer sur mon sort. Cependant Robert Levesque émet des réserves sur les démarches réitérées de Gide, craignant que, vu mon âge, sa recommandation ne soit suspecte, et, pour moi, compromettante.

---

1. Lettre d'André Gide, 30 janvier 1949.

21

Retour de Suède, pauvre comme Job, mais possédant tout Balzac, je passai la plus grande partie de l'été avec Jean-Paul Aron, dans notre maison d'Arcachon — *l'Ensoleillée* —, une ancienne pension de famille, où nous nous amusions à occuper chaque nuit des chambres différentes.

Le mauvais temps se prêtant à l'étude, l'idée nous était venue d'une adaptation cinématographique de *Vieille France*, de Roger Martin du Gard, un chef-d'œuvre que, de beaucoup, nous préférions aux ambitieux *Thibault*. Souvent, à Paris, je prenais la rue du Dragon où, d'après Robert, Martin du Gard séjournait encore, du moins par intermittence, entre cour et jardin. Poussant par jeu sa porte cochère, puis me ravisant aussitôt, je me désolais de ne pouvoir lui rendre visite, car je savais, par Gide, qu'il s'interdisait de recevoir de jeunes admirateurs qui, ensuite, peut-être, prendraient trop de place dans sa vie.

Robert Levesque lui avait parlé de nous, puis Gide s'était entremis, et c'est par son truchement que Martin du Gard, avec beaucoup de fébrilité, arguments techniques, psychologiques, financiers à l'appui, nous dissuada de poursuivre[1]. Sauf à dénaturer le roman, nous nous heurterions à la méfiance des producteurs et à l'incompréhension du public. «Je serais comme vous leur ami, écrivait-il à Gide, que je leur déconseillerais de perdre leur travail et leur temps à courir cette folle aventure. Dans leur intérêt, par affection pour eux.» Nous n'étions pas convaincus. Des films comme *Brève rencontre*, si peu commerciaux a priori, avaient triomphé sans la moindre concession à quiconque. Du reste, à la fin de sa lettre, Martin du Gard semblait faire marche arrière : «Notez que je ne crois pas impossible de faire un film avec

---

1. Roger Martin du Gard à André Gide, 13 septembre 1949, lettre publiée *in extenso* dans le *Bulletin des amis d'André Gide*, juillet 1992.

Vieille France, en restant fidèle au livre. Un film qui serait une suite de plongées chez les divers habitants d'une commune, à la suite d'un facteur en tournée. Mais pour imposer un film aussi particulier à une société de producteurs, il faudrait un miracle ! Il faudrait — je ne sais pas — qu'un type comme Raimu, comme Michel Simon, s'entiche du personnage du facteur, et mette son prestige dans la balance pour forcer la résistance des commanditaires... C'est vous dire que je n'ai pas grand espoir ! Je vous charge de dire à Roger Kempf et à son ami combien me touchent leur tentative et votre démarche... »

Or, nous n'avions pas abdiqué quand me parvint, rédhibitoire, un mot de Gide : « Longue conversation avec R. Martin du Gard au sujet du projet dont tu me parles. D'un commun accord nous estimons, lui et moi, qu'il n'y a rien à tirer (pour le cinéma) de *Vieille France*. Je viens de relire le livre pour mieux m'en persuader[1]. »

Nous étions atteints, Jean-Paul et moi, au plus profond de notre relation. Tels les intimes de Flaubert, réunis sous le même toit, nous avions souhaité, non pas conforter

---

1. 28 septembre 1949.

une amitié que nous jugions indéfectible, mais l'illustrer par une œuvre commune. Ce sera, vingt-cinq ans plus tard, *Le Pénis et la démoralisation de l'Occident*[1].

Début septembre, je prenais mes quartiers à l'hôtel de Seine, inconfortable, bruyant, bon marché, qui était alors le refuge d'artistes impécunieux et, Dieu sait pourquoi, de prêtres défroqués. On s'y endormait difficilement, tant les cloisons étaient minces, et imprévisibles les disputes de voisinage.

Dans l'attente, de plus en plus soucieuse, d'une décision ministérielle, un soupçon me travaillait · bien que «tout-puissant», de l'avis de Gide, Joxe n'était-il pas doublé par de méchants sous-fifres? Seules des puissances occultes pouvaient me faire contre si longtemps. Jean-Paul, qui en mettait sa main au feu, appela à la rescousse son condisciple Jean d'Ormesson, «jeune homme d'excellente famille» qui, par son oncle Wladimir, avait ses entrées au ministère. Je reçus d'un Monsieur Abraham une note m'annonçant que, le poste de Bonn n'étant pas disponible, je serais affecté ailleurs, mais sûrement outre-

---

1. Ed. Grasset.

Rhin. C'était aux environs du 10 septembre. Convoqué peu après à la Direction des relations culturelles, j'appris d'un Monsieur Baillou, glacial, que Bonn m'était consenti à regret.

Aussitôt je pris la route de Mayence pour y rencontrer mon supérieur hiérarchique, Monsieur Santelli, ravi de m'entendre célébrer les falaises de Bonifacio, la baie de Porto, les forêts de Zonza, les calanques de Piana, tous lieux où j'avais campé en compagnie de Robert Levesque, et jusqu'au village, méconnu, de Morosaglia où nous comptions des amis chers. «Corses et Alsaciens, me dit Monsieur Santelli, sont les mal-aimés de la République.» Il me révéla, car nous étions en confiance, le fin mot d'une histoire qui coiffait la mienne. J'avais eu contre moi, également hostiles au candidat, quel qu'il fût, «du professeur Curtius», le ministre de France à Düsseldorf, et, plus déterminé encore, le doyen même de la Faculté.

Dans l'Allemagne occupée, je relevais, à Bonn, des autorités britanniques. On me remit une carte d'Officier de Sa Majesté, avant de m'attribuer un logement Vivats-gasse, en plein centre. Mon premier soin fut de m'assurer qu'un dessin de Cocteau et deux gouaches de Tsaroukis, souvenirs de Robert Levesque, n'avaient pas souffert du voyage ; après quoi je déballai quelques livres, dont la *Vie de Henri Brulard* où je trouvai le sujet de mon premier cours : les antipathies de Stendhal.

« Cher philosophe, m'écrit Gide, combien me réjouit l'heureuse nouvelle — à la fois pour Curtius et pour toi ! A son retour d'Amérique (je suppose qu'il y est encore) veuille lui transmettre mes affectueux messages [1]. »

Curtius ne devait regagner l'Europe qu'en janvier. Il me croyait toujours à Paris, la nouvelle de ma nomination ne l'ayant pas rejoint. De Princeton où il était l'hôte de l'*Institute for Advanced Study*, il m'exhortait à tenir bon, à me battre derechef : « La balle est dans votre camp ! » Elle l'était désormais. Me voici donc à Bonn pour six années d'apprentissage.

---

1. 29 octobre 1949.

22

Ernst Robert Curtius menait en marge de l'université une existence légendaire. Il se fût passé d'enseigner et n'eût pas hésité, sous Ptolémée Ier, à s'établir au Musée d'Alexandrie où nul n'était astreint à faire des cours. Réservé avec ses collègues, à couteaux tirés avec certains, il aimait à prendre ses distances. Des porte-cigarettes agressifs l'y aidaient.

On a soutenu qu'il terrorisait ses étudiants. Mais c'est par des questions simples qu'il les déroutait. Comment pouvaient-ils ignorer le nom des douze apôtres ? Pourquoi en manquait-il toujours deux ou trois à l'appel ? Il fallait, pour le moins, avant de disserter sur Racine ou Corneille, maîtriser les deux Testaments, mais souvent hélas ! une nonne, voire un prêtre devaient, à leur courte honte, confesser publiquement leur insuffisance. Je l'entends encore marmonner avec Paul Valéry : «Le moderne se contente de peu!» Revenant sans cesse au fait précis, haïssant verbiage et fioritures, plaidant contre les manuels pour les valeurs littéraires et poétiques, il terrassait d'une sèche remarque sa bête noire, l'étudiant Wagner.

Sait-on que, lorsque parut son *Marcel Proust*, ni *Albertine disparue*, ni *Le Temps retrouvé* n'avaient vu le jour? Or, déjà Curtius rêvait à l'avenir de Gilberte, future marquise de Saint-Loup, puis duchesse de Guermantes : «Ainsi, à l'annonce de l'héritage de quatre-vingts millions que fait Gilberte Swann, nous prévoyons que cette fortune sera le point de départ, dans les années à venir, d'un mariage aristocratique[1].» S'il ignorait que Madame Verdurin serait un jour Sidonie, duchesse de Duras — pour la transition —, forçant l'admiration de Proust, il ne l'imaginait plus que duchesse de Guermantes.

---

1. Ernst Robert Curtius, *Marcel Proust*, trad. A. Pierhal, Paris, Les Editions de la Revue Nouvelle, 1928, p. 101-102.

Toujours à propos de la *Recherche*, il me met à l'épreuve : «Où donc a-t-il écrit "joyeux et féodal"? Je ne retrouve pas le passage. Quelle merveilleuse association. Comme ça sonne juste! Du coup, je revois, à Sienne, la Piazza del Campo!»

On ne pouvait être son ami sans aimer Proust, c'est-à-dire sans le connaître au sens où Larbaud entendait qu'on connût Paris. Qui ne se rappelait le surnom de tante Léonie, ou pour quelles raisons déshonnêtes Palamède, sur un boulevard du *Temps retrouvé*, ne sachant où donner de la tête, la levait souvent «avec le regret de ne pas avoir une jumelle», celui-là ne pouvait se targuer d'avoir lu Proust.

D'un de ses anciens étudiants français, conseiller d'ambassade auprès d'André François-Poncet, il me soufflait, tout au long d'un dîner : «C'est hallucinant! Mais regardez donc! On croirait Monsieur de Norpois.»

Aucun des livres de Curtius ne donne le sentiment d'une mainmise à travers une démonstration brillante et artificieuse. Il s'attache aussi bien à l'imaginaire de *La Comédie humaine*, sans le tenir pour accessoire ou répréhensible, qu'au siècle où il s'exprime. «Balzac, observe-t-il, avait eu le malheur de déplaire à Sainte-Beuve, mais aussi aux professeurs qui écrivent l'histoire littéraire... Je trouve révoltantes l'injustice et l'incompréhension de ces jugements [1]. »

Toute approche normative ou morigénante lui répugne. Il est de ces liseurs qui, à la manière de Diderot, s'enrôlent et prennent les œuvres au sérieux. Parfois, en tête à tête, il jouait à répertorier les inventeurs de *La Comédie humaine*, dont Giardini, l'un des plus obscurs, rénovateur malheureux de la cuisine italienne, ou Vital, le fabricant de chapeaux, « Luther » de la chose, qui mettait deux mois pour concevoir une forme appropriée à une physionomie. Que Balzac, ce visionnaire, voyant ses propres chemises s'élimer plus vite que de raison, ait écrit, dès 1840, que la « solidité des produits » s'en allait de toutes parts, le transportait littéralement.

Curtius avait pour assistant Walter Boehlich, jeune homme maigre et sensible, romaniste accompli, dont j'appréciais la pudeur et

---

1. Ernst Robert Curtius, « Nouvelle rencontre avec Balzac », in *Essais sur la littérature européenne*, trad. Claude David, Paris, Grasset, 1954, p. 83.

la subtilité. Nous ne brûlions, Boehlich et moi, d'aucune passion universitaire. Boehlich s'obstinait à ne pas entreprendre de thèse, se privant ainsi de succéder un jour à son maître. Curtius s'en désolait. Mais il nous suffisait de mériter d'être là, quitte à souffrir mille morts, particulièrement pendant les séminaires où, sur Dante, Góngora ou Baudelaire, il nous incombait de savoir quand les étudiants, restés cois, baissaient la tête.

Comme convenu, Curtius attendait ma visite deux ou trois fois par semaine, soit à l'heure du petit déjeuner — qu'il accompagnait d'un morceau d'Horace, l'un de ses favoris, ou de Thucydide —, soit en fin d'après-midi. Grand fumeur, il avait sur son bureau, pour chasser les odeurs de tabac, un bouquet de jacinthes ou de freesias. A peine avais-je salué Madame Curtius, qu'il l'invitait à nous laisser seuls : « Bitte, Ilse, lass uns jetzt! » Il m'interrogeait sur mon travail et mes étudiants, sur le « cercle franco-allemand » dont j'avais la charge à l'université. Jean Hyppolite y avait évoqué *Tête d'or*, Roger Stéphane T.E. Lawrence, Marguerite Yourcenar Hadrien, et Jean-Paul Aron les bizarreries de la langue de Saint-Simon.

Las de l'actualité littéraire, lui, Curtius, qui avait révélé tant d'écrivains et de poètes, français, espagnols ou anglais, considérait, en 1950, qu'il avait défriché tout son soûl. Cependant, il m'incitait à partager avec mes étudiants les lectures de ma génération. Avec «le petit Kempf», écrit-il à Anne Heurgon, «ils abordent des auteurs dont je ne connais pas même le nom. Car je ne suis plus du tout à la page. Où suis-je? Je suis sur un palier, station indécise entre un escalier qu'on a gravi et un autre qui est devant vous[1]». Bien qu'il ait, en 1927, consacré un essai à Jean Cocteau, la réputation de Genet, «ami cambrioleur» de celui-ci, et «qui serait un as de la jeune littérature française», n'excite aucunement sa curiosité[2].

Parfois, avec Curtius, la conversation perdait de sa jovialité initiale pour se durcir et tourner à l'examen. Avais-je bien lu Goethe? Il tenait à s'en assurer. Sur *Poésie et vérité*, comme sur le *Voyage en Italie*, j'étais alors incollable. De Rome à Messine, Goethe

---

1. Cette lettre, du 28 février 1950, m'a été communiquée par Anne Heurgon lors d'une visite à Cerisy.
2. Ernst Robert Curtius à André Gide, 26 novembre 1948.

m'avait servi de guide. A Palerme, en 1787, il avait coulé des heures inoubliables dans le jardin public, lieu merveilleux, «Wundergarten» qu'il célèbre dans une page superbe de son *Italienische Reise*. Je me souviens de l'avoir lue et traduite à Robert Levesque dans ce jardin même. Curtius jubilait.

Peu après, il déchanta, au fil d'un autre entretien, s'étant avisé que je ne connaissais par cœur que quatre ou cinq poèmes de Goethe, rabâchés sur les bancs du lycée, *Heidenröslein, Erlkönig, Mignon*. «Il faudrait savoir, me dit-il, agacé, de quelle Mignon vous parlez. Il y en a quatre, sans compter celle de *Wilhelm Meister*. Le plus important, voyez-vous, c'est de connaître ses limites, et, mieux encore, ses lacunes. Voilà ce que je vous propose vous serez en congé le semestre prochain, dispensé de tout enseignement, ce qui vous permettra de sillonner l'Allemagne, jusqu'à Lübeck et Kassel, et de vous plonger dans Goethe. Procurez-vous dès que possible l'édition Cotta!» Dans le volume des œuvres poétiques, Curtius cocha au crayon, rageusement, plus de quarante titres : «Vous en apprendrez une douzaine, ou davantage, au choix. J'y tiens beaucoup, ne serait-ce que pour la suite de nos relations. Je vous reverrai en septembre.»

Gide ne m'avait pas trompé en m'annonçant un temps d'études et de perfectionnement. Avec Curtius, je retrouvais mon âme d'écolier. Gide lui-même, en 1925, s'étant remis à l'allemand, sur le fleuve Congo, avait projeté d'approfondir le second *Faust* avec lui; c'était «durant les longues journées de pirogue, de baleinière ou de tippoye[1]».

Curtius ne ménageait personne. «Vous savez, me dit-il un jour d'humeur, ma vénération pour Gide. Et pourtant! Voyez ce qu'il écrit de Vermeer dans son *Journal*. Il n'avait aucune idée de la peinture. Ne parlons pas de son *Poussin*, ce serait cruel. Il n'allait au musée que par devoir. Et puis, il ne savait ni manger ni boire. Tout comme Charlie[2]...»

Notre poésie lui paraissait surfaite, du

---

1. André Gide à Ernst Robert Curtius, 6 octobre 1926.

2. Charles Du Bos, que Curtius avait entraîné dans son jardinet de la Joachimstrasse pour lui montrer, sous un tapis de lierre, des escargots et des limaces vivants : il n'en avait vu que dans les livres!

moins jusqu'à Baudelaire, futile, bavarde, grandiloquente souvent. En janvier 1950, il expliquait sans conviction à ses étudiants Lamartine, Vigny, Hugo, jugeant « à peu près illisibles » la plupart de leurs poèmes[1]. La Fontaine ne le touchait pas davantage : « Für so etwas kann ich mich nicht begeistern ! » En vain, j'insistais : mais, tout de même, *Les Deux Amis* ? « C'est charmant, me répliquait-il, oui, charmant ! »

A tort ou à raison, il avait la dent dure. Au moment de traduire *Thésée*, Gide s'étant référé au travail de Rilke, Curtius riposte brutalement : « Je n'ai pas vu les traductions que Rilke a faites de vous. Celles de Valéry et de Louise Labé fourmillent de contresens. Et son allemand, même dans ses œuvres à lui, est d'une préciosité révoltante. Entre nous : il ne valait pas tant que ça... Mais il continue à faire des ravages, même en Angleterre où il trouve des adeptes qui n'ont pas lu une ligne de Goethe[2]. »

C'est dans ses lettres à Gide qu'il porte,

----

1. Ernst Robert Curtius à André Gide, 24 janvier 1950.

2. Ernst Robert Curtius à André Gide, 25 octobre 1947.

en confidence, ses coups les plus rudes. Thomas Mann ? « Grand artiste » mais « faible et vaniteux » : « C'est que l'intelligence n'est pas son fort. » De T.S. Eliot qui lui envoie tous ses livres et dont il avait célébré *The Waste Land*, il reçoit, en 1948, un essai affligeant, *Notes toward a Definition of Culture*, « cent pages de sociologie enfantine ». Valéry même n'est pas épargné, « artiste admirable », « somptueux feu d'artifice », dont « la pensée tant vantée n'a abouti à… rien ! ». Avec la fougue de Curtius, Gide, à son tour, s'emporte contre le livre de Klaus Mann, *André Gide and the Crisis of Modern Thought*, ouvrage d'un « arriviste, et de plus en plus effronté [1] ».

Bien que Curtius se soit favorablement prononcé sur mes débuts, je n'exclus pas que Gide, le trouvant un peu tiède, et craignant pour les années à venir, ait cru devoir m'épauler encore : « Je suis extrêmement heureux de savoir le jeune Roger Kempf près de vous. Extraordinaire exemple de "puer senex", dont vous parlez si

---

1. André Gide à Ernst Robert Curtius, 24 mai 1948.

bien[1]. Je crois qu'il mérite l'attachement que je lui porte et ne connais rien de lui qui ne soit à sa louange[2]. » Tout à la fin de sa vie, dans l'avant-dernière lettre qu'il adresse à Curtius, Gide m'apporte un ultime soutien : « Combien je serais heureux si le jeune Roger Kempf trouve auprès de vous la sympathie qu'il souhaite et que je crois qu'il mérite[3]. »

---

1. « Puer senex », un *topos* qui, de l'Antiquité au XVIIe siècle, traduit la conjugaison de la jeunesse, voire de l'enfance, avec la maturité d'esprit. Voir Ernst Robert Curtius, *La littérature européenne et le Moyen Age latin*, trad. J. Bréjoux, Paris, P.U.F., 1956, p. 122.

2. André Gide à Ernst Robert Curtius, 19 janvier 1950.

3. André Gide à Ernst Robert Curtius, 23 octobre 1950.

23

Depuis 1948, ils s'écrivaient plus rarement, Curtius ne voulant pas ajouter à la fatigue de son ami; par lettre ou de vive voix, jouant les «go-between», je transmettais à l'un les messages de l'autre. C'est que la santé d'André Gide allait se dégradant. Les billets qu'il nous envoie rapportent ses indispositions et ses crises, hépatiques ou cardiaques, sa «diminution d'être», son essoufflement, le tremblement de sa main, mais aussi son affairement, ses projets, l'excellence de son moral. «N'ayez crainte, me répétait Curtius, il a souvent été malade et je l'ai toujours vu rebondir.»

Il rebondit, en effet, de France en Sicile, au printemps de 1950, sur la foi de témoignages irrésistibles. A Taormina, rien d'impossible, lui écrit Robert Levesque, mais «une surabondance qui accable». Et que dire de Pouzzoles qui, comptant alors quarante mille habitants, pour deux mille à Taormina, multiplie, de ce fait, par vingt les promesses de bonheur[1].

Il y a quelque chose de méphistophélique dans ces tableaux incendiaires, sans cesse retouchés, et qui proposent une hiérarchie, somme toute provisoire, des lieux paradisiaques. A peine Robert a-t-il regagné le Maroc, qu'il le redécouvre. Si miraculeuse que soit la Sicile, Marrakech, en dernier ressort, s'affirme incomparable.

A l'automne de 1950, moulu par les répétitions, à la Comédie-Française, des *Caves du Vatican*, Gide m'adresse un mot, dactylographié, le dernier :

---

1. Robert Levesque à André Gide, 26 juin 1950.

Monsieur Roger Kempf
Hôtel de Seine
51, rue de Seine
Paris (6ᵉ)

Le 7 novembre 1950

Cher Roger,

Une petite paralysie du bras droit (momentanée, je l'espère) m'empêche de tenir la plume.

Je tâcherai de rentrer assez tôt vendredi pour te recevoir au sortir de la répétition, c'est-à-dire à six heures.

> Tout amicalement attentif
> Ton
> André Gide

Nous nous revoyons rue Vaneau, une demi-heure au plus. Il me montre sur sa table le gros volume, non encore traduit, de Curtius, *Europäische Literatur und Lateinisches Mittelalter*, qui fait ses délices depuis l'an dernier.

Une lettre d'Henri Levesque relate la fin d'André Gide, le 19 février 1951 au soir, son calme, sa sérénité[1], sa curiosité peut-être.

---

1. Henri Levesque à Robert Levesque, in André Gide - Robert Levesque, *Correspondance, op. cit.*, 19 février 1951.

Incapables, pour l'heure, d'épancher quoi que ce soit, nous gardons, Robert et moi, le silence. Au demeurant, si nous nous étions vus ou écrit, nous aurions parlé de tout autre chose. Sans nul doute du projet insensé que nourrissait Gide, et que nous avait confié notre ami Maurice Ohana, d'un voyage à Marrakech en janvier. Ou bien des frasques, dont j'étais friand, du Père Bruckberger, ce dominicain exilé au Maroc par son Ordre. Comme Robert le croisait, assez souvent, entre Fès et Marrakech, je réclamais des nouvelles de ce théologien hors du commun, mâtiné d'anarchiste, de reître, de snob, le verbe haut et le mot cru, grand buveur, grand fumeur, et galant aux dames. Robert me comblait d'anecdotes et de détails. Notre correspondance virait au feuilleton.

Dans les souks de Marrakech, les petits vendeurs, admirant sa prestance, prenaient le révérend pour le pape. Or, il ne sortait jamais que flanqué d'un gros chien noir qui mordillait sa robe blanche. En terre d'islam, cet animal, non de garde, mais de compagnie, détonnait, incongru et impur. J'appris à Robert que, suivant la tradition, le croyant était tenu de laver sept fois, puis de frotter de terre, l'assiette dans laquelle avait mangé son chien. Il était, en revanche, licite de porter à ses lèvres la coupe où s'était désaltéré un chat. Eh bien, me répondit Robert, le scandale est arrivé : le chien du Père est de tous les dîners, fussent-ils les plus élégants, les plus officiels : « Il suit, en reniflant, les valets, comme pour contrôler ce que choisissent les convives. Mais il ne chipe rien. C'est un chien théologique ! »

Enfin me parvint, fin mars, la lettre que j'attendais, cinq pages écrites au courant de la plume. Je commençai par la parcourir deux ou trois fois, surpris de n'y pas trouver le nom de Gide. Elle était tout entière consacrée à un élève du lycée de Fès, Tahar, dont les dissertations révélaient un sens rare de la langue. Ce garçon beau et grave, inspirant le respect, ne manquant aucune des cinq prières, passionné de poésie et « pensant en français », Robert, ébloui, avait décidé de l'aider. Une fois par semaine, il le prenait en tête à tête : « Tu imagines, écrit-il, combien je puis être ému par une ferveur si intense. Jamais, je n'ai senti plus fort que ce qu'on peut faire de mieux pour un garçon, c'est de l'aimer (je ne dis pas le désirer). Rien que d'amical et d'affectueux dans cette connaissance. Le Maroc, tu t'en doutes, n'oblige pas au refoulement. Cela me ménage des réserves de pureté. »

Tahar vivait dans un palais grouillant de serviteurs, sous la férule d'un père qu'il n'a jamais pu voir en particulier. Autorisé seulement à lui baiser la main, il remâche la nostalgie d'un geste de tendresse. Quand il voit de ses camarades que leurs parents viennent attendre à la porte du lycée, des larmes lui montent aux yeux.

Tel est, en résumé, le sujet de cette lettre. C'est seulement en la remettant dans son enveloppe que je découvris, au recto, ces deux lignes : « Inutile de te dire que la mort de notre ami me laisse comme orphelin. Tu es le plus précieux de ce qu'il me laisse[1]. » Je pensais de même. Et nous ne savions, lui et moi, ce qui l'emportait dans notre cœur, du chagrin ou de la reconnaissance.

---

1. 16 mars 1951.

Catherine Gide m'a très amicalement permis de publier les lettres, pour la plupart inédites, que m'a adressées son père.

Madame Ilse Curtius et les éditions Vittorio Klostermann, de Francfort-sur-le-Main, m'ont autorisé à citer plusieurs extraits de la correspondance d'Ernst Robert Curtius avec André Gide.

Des fragments de ce livre ont paru, sous une forme différente, dans le *Magazine littéraire* de janvier 1996 («Portrait de Robert Levesque») et dans les *Cahiers de la Bibliothèque Jacques Doucet*, n° 2.

www.ingramcontent.com/pod-product-compliance
Lightning Source LLC
LaVergne TN
LVHW051232060726
842526LV00013B/2925